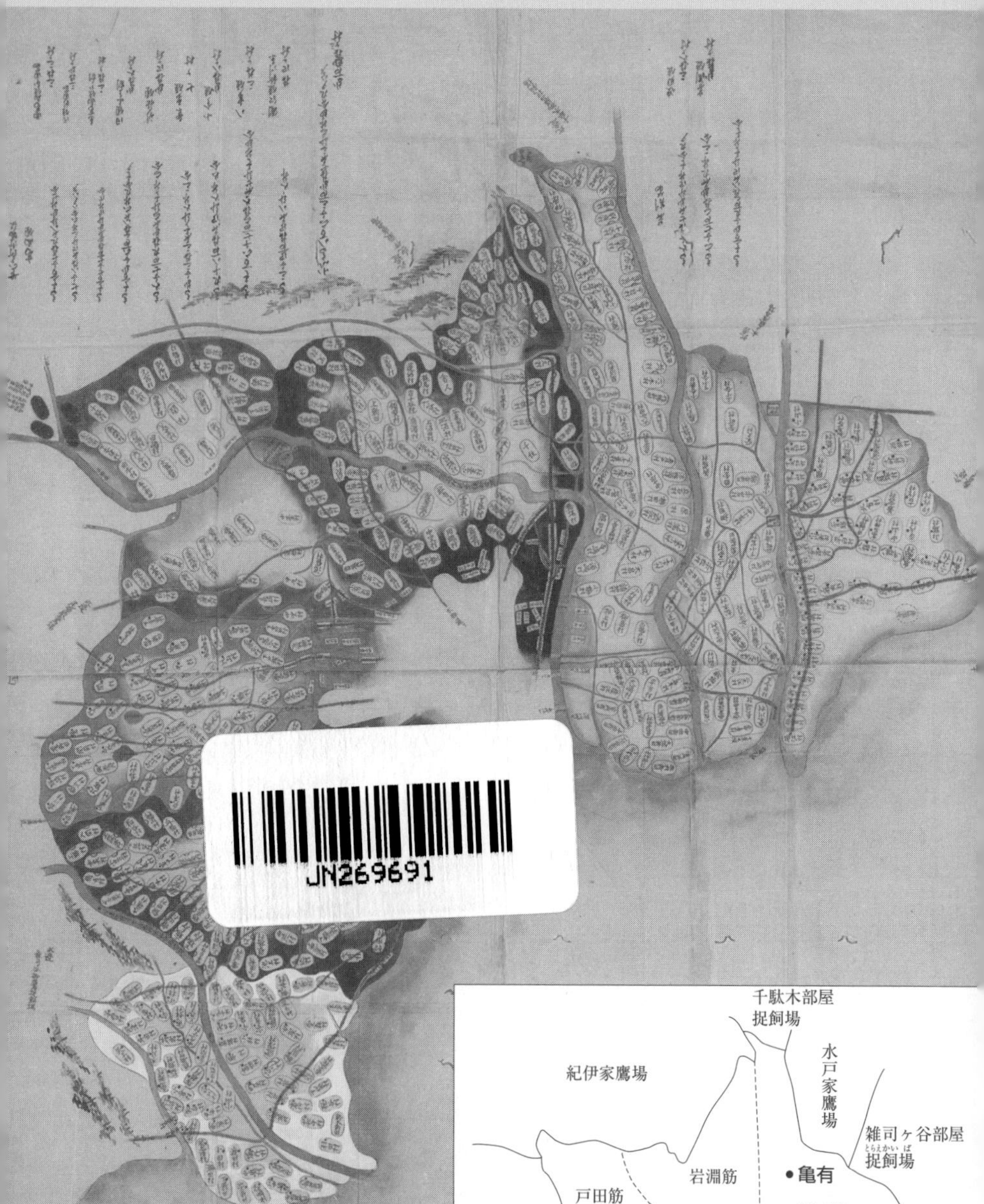

千駄木部屋
捉飼場
水戸家鷹場
紀伊家鷹場
雑司ヶ谷部屋
捉飼《とらえかい》場《ば》
岩淵筋
亀有
戸田筋
葛西筋
志村
上中里
東小松川
尾張家鷹場
中野筋
高円寺
御府内
目黒筋
上目黒
江戸湾
東大森
品川筋
雑司ヶ谷部屋
捉飼場
筋境
鳥見の屋敷がおかれた村

監修者——加藤友康／五味文彦／鈴木淳／高埜利彦

［カバー表写真］
紀州藩邸・尾張藩邸と江戸城
（「分道江戸大絵図」1716〈享保元〉年刊）

［カバー裏写真］
徳川吉宗（狩野忠信筆）と「日本総絵図」

［扉写真］
「江戸廻り六筋御鷹場絵図」

日本史リブレット人051

徳川吉宗
日本社会の文明化を進めた将軍

Ooishi Manabu
大石 学

目次

日本社会の未来像は享保改革の検討から

一七一六(享保《きょうほう》元)年八月十三日、徳川吉宗(一六八四〜一七五一)は、徳川将軍家(宗家《そうけ》)の血統断絶という、江戸幕府《えどばくふ》始まって以来の危機を受け、紀州藩主《きしゅうはんしゅ》から八代将軍に就任した。江戸幕府の政権交代《チェンジ》が行われたのである。

この時期、日本社会は、戦国時代以来の経済成長が終り、低成長時代へと移行していた。幕府財政の悪化、社会秩序の動揺、疫病の流行など、厳しい状況のなかで、吉宗は強力なリーダーシップを発揮し、国家と社会の大規模な改造に取り組んだ。享保改革である。

吉宗が、めざした政治は、今でいう「高負担・高福祉」の「大きな政府」であった。すなわち、江戸の首都機能を強化し、官僚機構・法・公文書システムを整

和歌山城

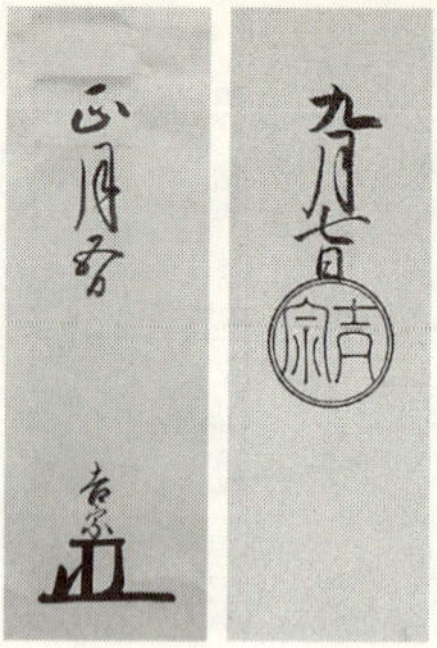

吉宗の印と花押

備することにより、国家機能・公共機能を拡大し、幕府の統治機能《ガバナンス》を強化し、国民生活の維持・安定をめざしたのである。そのために吉宗は、増税により収入をふやす一方、規制を強化し支出を抑制して赤字財政を克服し、格差是正、弱者救済、飢饉《ききん》・災害対策、医薬政策など、セーフティネットの整備や危機《リスク・》管理機能《マネジメント》の強化につとめたのである。

享保改革の結果、江戸社会では、日本型社会・日本型システムが確立した。諸藩でも官僚制が整備され、藩政《はんせい》の均質化が進んだ。民間では、地域や社会の結合が強まった。同業者組合（業界）が成立し、流通や価格の規制が実施された。国民の意識や価値観を同一化するために教育制度も整えられた。これら吉宗の政策により、日本社会は、大きく合理化・文明化したのである。

吉宗が生み出した制度やシステムは、その後拡大・整備されて現在にいたる。今日、日本社会では、グローバル化のなかで、日本型社会・日本型システムの見直しが唱えられ、中央から地方へ、官から民へ、競争原理・市場原理の導入などの方向が模索されている。これは、吉宗がめざした方向とは、正反対の方向でもある。実は私たちは、いまだ吉宗政治＝享保改革の延長上にいるのである。今後、日本国家・社会をどのような方向に発展させていくのか、その未来像の構築は、享保改革の検討から始められなければならない。

本書では、吉宗の一生をたどりながら、吉宗の実像と享保改革の歴史的意義と役割を具体的にみていくことにしたい。その際、彼が発した言葉を直接・間接の形で、できるだけ収録することにした。読者の方々が、これらの言葉を通じて、彼が現代社会に残した足跡や意義を理解していただければ幸いである。

①―異色の経歴

紀州四男坊

徳川吉宗は、一六八四(貞享元《じょうきょう》)年十月二十一日、紀州藩《きしゅうはん》五五万石《ごく》の第二代藩主《はんしゅ》徳川光貞《みつさだ》の四男、七人兄弟の末っ子として、和歌山城で生まれた。ただし、十月二十日に和歌山城下《じょうか》の吹上邸《ふきあげ》で生まれたとする説もある。

吉宗は、「紀州の三男坊」ともいわれるが、これは二男の次郎吉《じろきち》が元服《げんぷく》前に幼名のままでなくなったことによる。吉宗の幼名は源六《げんろく》、一六九四(元禄《げんろく》七)年二月に新之助《しんのすけ》と改めた。翌九五(同八)年三月、紀州から江戸《えど》赤坂《あかさか》(東京都港《みなと》区)の紀州藩邸▲(中屋敷《なかやしき》)に到着し、ここで暮すようになった。九六(同九)年四月、江戸城に登城して五代将軍綱吉《つなよし》▲に謁見《えっけん》し、同年十二月、頼方《よりかた》と名乗った。

生母お由利《ゆり》の方《かた》(紋子《もんこ》)の素性については、不明な部分が多く、紀州藩藩士《はんし》の巨勢八左衛門利清《こせはちざえもんとしきよ》の娘、禁制《きんせい》に背いた彦根《ひこね》の医師の娘、京都西陣《にしじん》の機織屋《はたおり》の娘、熊野《くまの》への巡礼《じゅんれい》の娘など諸説ある。いずれにしても、身分の低い家柄の出身であったとみられる。七代将軍家継《いえつぐ》の生母月光院《げっこういん》が、町家の出身で、旗本《はたもと》の養女に

▼**紀州藩邸**　この時期の紀州藩邸は、上屋敷が麹町《こうじまち》(千代田《ちよだ》区紀《き》尾井町《おいちょう》)、中屋敷(カバー表写真参照)が赤坂(港区元赤坂《もとあかさか》)、下屋敷が松濤《しょうとう》(渋谷《しぶや》区松濤)にあった(『和歌山県史』)。

▼**徳川綱吉**　一六四六〜一七〇九。五代将軍。上野国館林《こうずけのくにたてばやし》(群馬県館林市)に領地をもち、のち将軍。政治は、前半期は幕政刷新を行い「天和《てんな》の治《ち》」と賞賛されたが、後半期は「生類憐《しょうるいあわれ》みの令《れい》」「貨幣改《かへいかい》鋳《ちゅう》」などにより不評を買う。荻生《おぎゅう》徂徠《そらい》の講義をよく受講し、真言《しんごん》宗《しゅう》に帰依《きえ》した。

将軍家・御三家・御三卿略系図(『徳川諸家系譜』『藩史辞典』『南紀徳川史』『日本史総覧』により作成)

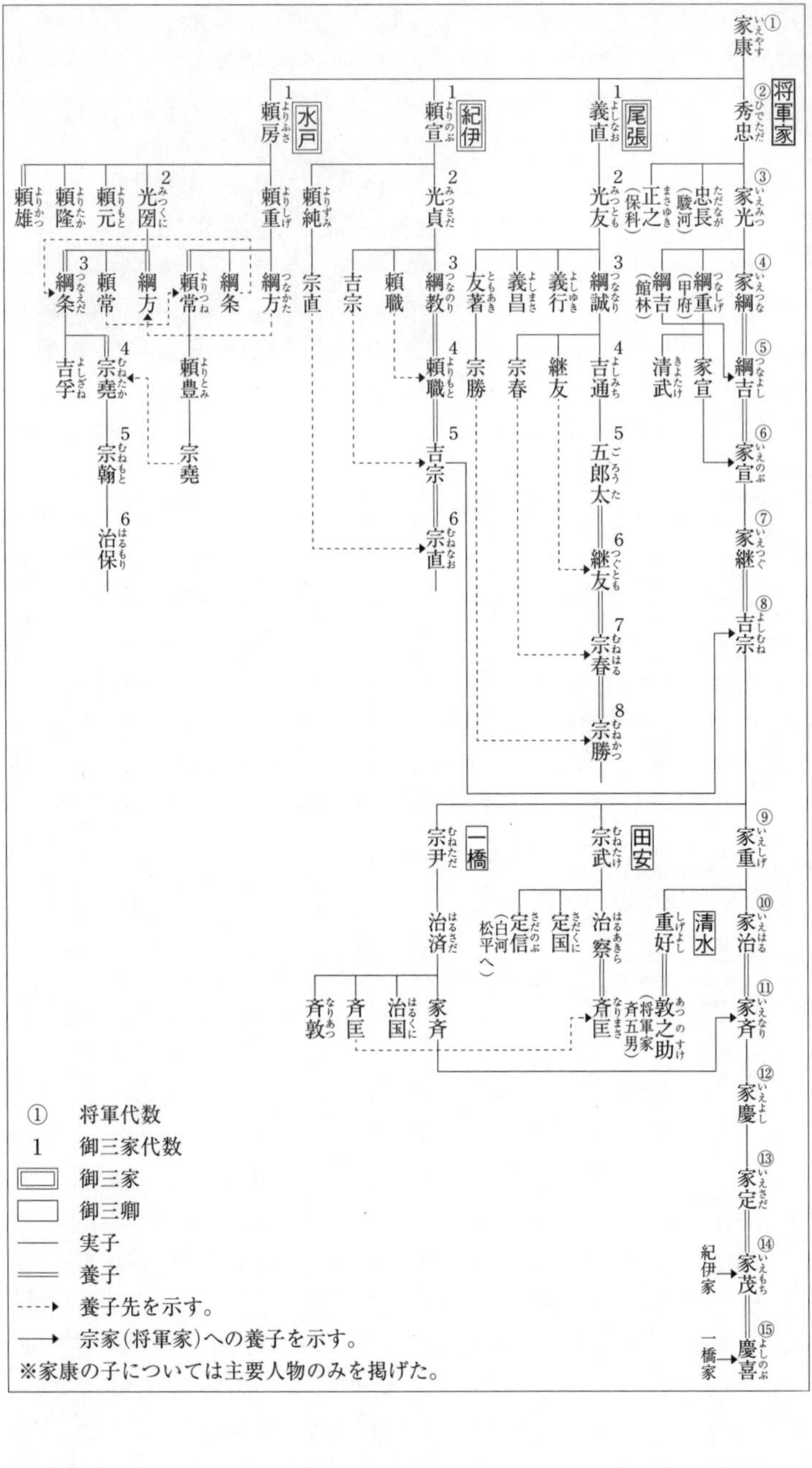

徳川綱吉

なったと伝えられるように、当時、母親の身分が低いことは、必ずしも不利な条件とはならなかったと思われるが、それでも、身分・格式を重んじる当時の武家《ぶけ》社会において、彼のような出自が有利に働くものでなかったこともまた、事実であろう。

吉宗は、生まれてすぐに城下の家臣《かしん》加納《かのう》五郎左衛門《ごろうざえもん》の屋敷に移され、五歳まで養育された。このためか、彼は幼少のころから、家臣への思いやりが厚く、また格式にとらわれない大胆な言動をした。あるとき、吉宗の父光貞が、四人の子どもを集め、刀の鐔《つば》を多くいれた箱をもちだして、好きなものをあたえるといった。兄たちは、それぞれほしいものをいったが、吉宗はなにもいわない。光貞がたずねると、「それがしは、兄君だちの御心のまゝに撰み取れしあとにて、その箱のまゝ賜らまほしと思ひたれば、いまだ一言も申さゞるなり」(『徳川実紀《じっき》』)と、自分は兄たちが自由に選びとったあと、残った箱ごとほしいと思っていたので、一言もいわなかったと答えた。光貞は笑って、年に似合わぬ肝の太い、行く末たのもしい子だといい、箱ごとあたえた。吉宗は、家に帰ると、鐔を二つずつ供の者たちに分けあたえたという。

ただし、吉宗はあくまでも部屋住み（二男以下で分家独立しないこと）の身分であった。あるとき吉宗が江戸赤坂（港区）の紀州藩邸（中屋敷）の物見所《ものみどころ》で久留米《くるめ》二一万石の藩主有馬玄蕃頭則維《ありまげんばのかみのりふさ》の行列をみて、「かばかりの人ともならまほしき事ぞ」（『徳川実紀』）と、冗談に自分もあのように行列を整えてみたいと述べた、という話も残されている。

部屋住み時代の吉宗には、のちに江戸の町奉行《まちぶぎょう》として活躍する大岡越前守《おおおかえちぜんのかみ》忠相《ただすけ》▲（当時は伊勢《いせ》の山田《やまだ》奉行で能登守《のとのかみ》を名乗っていた）とのあいだに、次のような話もある。すなわち、当時吉宗は、不法を働き、伊勢の阿漕《あこぎ》が浦《うら》（三重県津《つ》市）の殺生禁断《せっしょうきんだん》の地で魚をとっていた。大岡がこれをとがめると、吉宗は自分は紀州藩主の子であると逃れようとした。そこで忠相は、藩主の子を騙《かた》る不届者として捕え、翌日、説教をして放免した。吉宗は、これにこりて素行がよくなったという（「今古実際天一坊実記」）。この話も、吉宗が将軍に就任したのちに忠相を抜擢する理由の一つとして、後世につくられたものといわれる。

一六九七（元禄十）年、吉宗一四歳のときに、越前国丹生郡《にうごおり》において三万石の領地▲をあたえられた。このいきさつについても、吉宗が母の身分が低かったた

▼**大岡忠相**　一六七七〜一七五一。幕臣から大名へ。町《まち》奉行として都市政策、物価問題、防火対策に取り組む。小石川養生所《こいしかわようじょうしょ》を設立。のち寺社奉行に。地方御用を兼務、地方巧者を率いて農政などにも取り組んだ。几帳面な性格で、職務記録の『大岡越前守忠相日記』は情報量が豊富。

▼**三万石の領地**　吉宗は、丹生郡内下糸生村《しもいとう》（福井県丹生郡越前《えちぜん》町《ちょう》）の枝村《えだむら》の葛野《かずらの》の陣屋を中心に、丹生郡内一三カ村・坂井郡内三二カ村、計三万石の葛野藩主になった。

めに、兄たちよりも一段低い扱いを受けていたのを、五代将軍綱吉と老中《ろうじゅう》大《おお》久保忠朝《くぼただとも》▲のはからいで、兄たちと同等の扱いを受けることができた。そのため吉宗は、忠朝の二男教寛《のりひろ》に対して、「我は汝の父のはから（計）ひにて、常憲院《じょうけんいん》殿（綱吉）にまみえ、特恩を蒙りしとぞ」（『徳川実紀』）と、お前の父のおかげで綱吉にあえ、特別の恩を受けたと述べ、綱吉と大久保忠朝にのちのちまで感謝したという。ただし、これも徳川中興の英主といわれた吉宗の出世を際立たせるためのフィクションといわれる。いずれにしても、これらは吉宗が必ずしも順風満帆《じゅんぷうまんぱん》の幼少時代・少年時代を送ったわけではないことをうかがわせる話である。

紀州藩主へ

一六九六（元禄九）年四月、吉宗は、従五位下《じゅごいげ》・主税頭《ちからのかみ》に任ぜられた。翌一六九七（元禄十）年には、従四位下《じゅしいげ》・左近衛権少将《さこのえごんのしょうしょう》に進み、同年四月には前述のように、三万石の領地をあたえられたが、この地は、実質五〇〇〇石とやせていたという。ただし、彼は領地に赴くことはなく、父光貞に従い江戸と和歌山を往復していたとされる。

▼**大久保忠朝**　一六七七〜一七五二。幼少の家綱の傅役《もりやく》、小姓。一六七〇（寛文十）年肥前《ひぜん》国唐津《からつ》藩主。一六七七（延宝《えんぽう》五）年老中就任、翌七八（同六）年下総国佐倉《さくら》藩主、五代綱吉に書を講じた。

御三家《ごさんけ》分家の一大名《いちだいみょう》となった吉宗は、一六九九（元禄十二）年七月、一六歳で元服し、翌年七月一七歳で、先述のごとく江戸赤坂の中屋敷に住んだ。すでに一六九八（元禄十一）年、藩主光貞は致仕《ちし》（隠居）し、長兄の綱教《つなのり》が跡を継いでいた。しかし、一七〇五（宝永《ほうえい》二）年に起きた一連の出来事が、吉宗を紀州藩第五代藩主へ押し上げることになった。

まず、五月に紀州藩三代藩主の長兄綱教が四一歳で病死する。彼には跡継ぎがいなかったため、六月に三男頼職《よりもと》が跡を継いだ。ところが八月に父光貞が八〇歳で没し、しかも、翌九月には藩主を継いだばかりの頼職が二六歳の若さで急死したのである。この結果、十月二日、吉宗は急遽頼職の跡を継ぎ五代藩主となり、十二月一日には将軍綱吉から「吉」の字をあたえられ、頼方を吉宗と改めた。このとき、綱吉から政宗《まさむね》の銘の刀を授けられ、同時に従三位《じゅさんみ》・左近衛権中将に任ぜられている。吉宗二二歳であった。

翌一七〇六（宝永三）年十一月、吉宗は伏見宮貞致親王《ふしみのみやさだゆきしんのう》の娘真宮理子《さなのみやまさこ》（当時一六歳）を夫人に迎え、翌〇七（同四）年には権中納言《ごんのちゅうなごん》に昇進した。しかし、理子は一七一〇（宝永七）年に流産がもとでなくなり、以後、吉宗は正室をもたず、生涯を送ることになった。この年四月、吉宗ははじめて藩主として、紀州に入国した。

吉宗は、一七〇五年十月から一六(享保《きょうほう》元)年四月までの足かけ一二年紀州藩政を主導したが、この間一貫して藩財政の再建に取り組んだ。このころ全国の諸藩は、収入の基本である年貢《ねんぐ》が比較的固定していたのに対し、江戸藩邸や国《くに》元《もと》での消費生活が進み、支出が大幅に増加していた。紀州藩も事情は同じで、吉宗が藩主に就任する以前の一六六八(寛文《かんぶん》八)年、すでに幕府《ばくふ》から一〇万両を借りている。これは、この年に江戸の紀州藩邸が焼失し、また領地が四月から八月にかけて大旱魃《かんばつ》の被害を受けたことによるものであった。

さらに、一六八二(天和《てんな》二)年、九五(元禄八)年、一七〇三(同十六)年と三度にわたり江戸の藩邸(中屋敷)が焼失した。この間、一六八五(貞享二)年に、三代藩主綱教と将軍綱吉の娘鶴姫《つるひめ》との婚礼があり、一六九七年と一七〇一(元禄十四)年に綱吉が紀州藩邸を訪問するなど、多額の出費が続いた。さきにみたように、吉宗が藩主となる直前、大きな葬儀や藩主就任の儀式が続いたことも藩財政を圧迫した。この結果、吉宗が藩主に就任するころ、藩財政の再建は、最大の課題になっていたのである。

吉宗は、まず緊縮政策を行った。彼は、みずから衣服その他、日常生活での倹約を率先し、家臣や領民にもこれを励行・強制した。一七一〇年、吉宗は藩主としてはじめて、紀州にお国入りしたが、このとき彼は小倉織《こくらおり》の袴《はかま》と、木綿《もめん》に大模様の羽織《はおり》をつけ、その行列の質素なことは、これまでの歴代藩主にはみられないものであった。着飾って迎えにでた者たちはかえって面目《めんぼく》なく、恐れ入ったという（「神野嘉功筆記」）。一七一五（正徳五）年の家康《いえやす》百回忌の際の紀州藩の行列もまた、みなが驚くほど質素であったという。

質素倹約を徹底するため、吉宗は紀州城下に、町廻《まちまわ》りの「横目《よこめ》」（監察役人）を二〇人任命し、朝夕に町内を巡回させた。ある藩士が子どもに絹の着物を着せていたことが報告されると、その藩士を呼び、「汝《なんじ》いまだ武士の子をそだ（育）つる道をしら（知）ず、幼きときよりきぬ（絹）を着すれば、温暖にすぐるにより、其児《そのこ》成長して、多くは虚弱になり、物の用に立ざるものぞ、今より構へて、木綿のみを用ゆべし」（『徳川実紀』）と、お前は武士の子の育て方を知らない、幼いころから絹を着せるとあたたかく育ち、成長しても虚弱で役に立たなくなる、今後は木綿のみとせよと命じた。また、「芸目付《げいめつけ》」という役人をおいて、家臣の武芸のようすを監視させた。吉宗は、監察政治により質素倹約、緊縮を徹底させたのである。このほか、坊主・手代《てだい》・小役人など藩邸の下役人八〇人や、多数の奥女《おくじょ》中《ちゅう》に暇をだすなど、大規模な人員整理も行っている。

紀州の名君

吉宗は、緊縮・倹約により支出の削減を行う一方で、収入の増加をめざした。まず、一七〇七(宝永四)年から一〇(同七)年にかけて、藩士の禄高《ろくだか》の五%を藩に上納させる「二十分の一差上金」を実施し、臨時収入とした。そして、藩財政の基本収入である年貢の増加に取り組んだのである。

また、紀伊《きい》国伊都《いと》郡学文路《かむろ》村(和歌山県橋本《はしもと》市)の庄屋《しょうや》大畑才蔵《おおはたさいぞう》に領内の新田開発や用水工事を担当させた。才蔵は、紀ノ川《きのかわ》の北岸にそって一一里《り》(約四四キロ以上)におよぶ小田井《おだい》用水を開き、紀ノ川流域の新田開発を行った。

さらに、地方巧者《じかたこうしゃ》として知られる井沢弥惣兵衛《いざわやそべえ》を重用した。彼は、一六五四(承応《じょうおう》三)年、紀伊国那珂《なか》郡溝口《みぞのくち》(和歌山県海南《かいなん》市)に生まれ、算術・土木技術に通じたことから、藩に登用され、勘定添《かんじょうそえ》奉行となり、才蔵らとともに小田井用水、佐々《さっさ》用水、藤崎《ふじざき》用水、亀池《かめいけ》、新川《しんかわ》などを開鑿《かいさく》・改修した。井沢の才能を高く評価した吉宗は、将軍就任後の一七二二(享保七)年、本格的に新田開発を展開する際、当時六九歳の井沢を幕臣《ばくしん》に抜擢した。翌年には彼の配下であった普請《ふしん》技術者一五人を加え、指導力を発揮させている。

このほか、吉宗は、和歌山城の一ノ橋《いちはし》門外に訴訟箱《そしょうばこ》を設け、広く庶民の意見を求め、また、領民のなかから「孝子《こうし》」「節婦《せっぷ》」を選んで表彰している。これら吉宗の紀州藩主時代の政策は、のちの享保改革の原型としての意義をもつものであった。

吉宗のブレーンの一人、儒学者《じゅがくしゃ》の室鳩巣《むろきゅうそう》▲の『兼山秘策《けんざんひさく》』によれば、吉宗の藩政改革の結果、藩内の空気は引き締まり、閉門《へいもん》、差し控え、叱りなどの処罰を受ける藩士はいなくなった。火付けや盗賊などもなくなり、村々でも喧嘩や口論がみられなくなったという。藩財政も立ち直り、「二十分の一差上金」も藩士に返還され、金蔵や米蔵にもたくわえができた。やがて、吉宗が将軍に就任する一七一六(享保元)年ごろには、藩の繰越金は、金一四万両、米一一万六〇〇

▼**室鳩巣**　一六五八〜一七三四。朱子学《しゅしがく》派に属し、新井白石《あらいはくせき》に推薦され幕府儒官に就任。赤穂《あこう》事件に際しては、四十七士を義士《ぎし》と評価した。のち将軍吉宗の侍講《じこう》として活躍。主著に『駿台雑話《すんだいざつわ》』。

室鳩巣

○石にまでなった。

藩政改革の成功により、吉宗の江戸での評価は高まっていった。『兼山秘策』には、「紀伊中納言様一統に褒《ほ》め申す儀に候《そうろう》」「殊更《ことさら》御賢徳《ごけんとく》の事、日頃群臣　仰《あおぎ》望　奉《のぞみたてまつ》る事に候」と、当時吉宗が信望を集めていたことが記されている。吉宗は、「紀州の名君《めいくん》」として、広く社会に知られるようになったのである。

容貌と性格

吉宗は長身で、六尺（約一八二センチ）を超えていた。江戸時代の庶民の男性の推定平均身長は、一五七・一センチ。徳川将軍で、増上寺《ぞうじょうじ》▲の発掘調査により推定が可能な六人の将軍のうち、八歳で死亡した七代家継《いえつぐ》を除くと、最高は六代家宣の一六〇・六センチ、最低は十二代家慶《いえよし》の一五四・四センチである（鈴木一九八五）。吉宗の身長はずばぬけており、狩りのときに七〇〇人ほどの勢子《せこ》（獲物を駆り立てる人足《にんそく》）のなかで、顔一つ上にでていたという（「明君徳光《とくこう》録《ろく》」）。三尺（約九一センチ）以上の太刀をおび、脇差《わきざし》も二尺五寸（約七五・九センチ）と長かった。腕力も強く、元禄のころ、父光貞がかかえていた本職の力士《りきし》

▼**増上寺**　東京都港区芝公園内にある浄土宗《じょうどしゅう》の寺院。徳川家康が徳川家の菩提寺と定め、徳川家廟所《びょうしょ》として、三代将軍家光《いえみつ》が建《こん》立《りゅう》した天台宗《てんだいしゅう》寺院の上野寛永寺《うえのかんえいじ》（台東《たいとう》区）と勢威を競った。なお、増上寺には、二代秀忠《ひでただ》、六代家宣《いえのぶ》、七代家継、九代家重《いえしげ》、十二代家慶、十四代家茂《いえもち》の六人の将軍がほうむられ、寛永寺には、四代家綱、五代綱吉、八代吉宗、十代家治《いえはる》、十一代家斉《いえなり》、十三代家定《いえさだ》の六人がほうむられている。

と相撲をとったが、吉宗は風邪気味にもかかわらず、相手をやすやすと投げて光貞を喜ばせた(『南紀徳川史』)。

紀州藩主の時代、領内で狩猟《しゅりょう》にでかけたとき、大きな猪が飛びだしてきた。吉宗は、鉄砲を二発撃ったが、猪はいっそう勢いづき迫ってきた。供回りの者たちは、うろたえるばかりであったが、吉宗は鉄砲を取りなおして、猪の眉間に最後の一発を撃ち込んで仕留めた。その猪は、人夫十五、六人でやっとかつげるほどの大きさであったという(『徳川実紀』)。当時、武士の士風は衰え鷹狩《たかがり》の際も、従者たちは腰つきも落ち着かない、野を走る格好も、弱々しく見苦しかったという。吉宗の豪胆ぶりは、異色であった。奥医の内田《うちだ》玄勝正秀《げんしょうまさひで》は、たいへん太った人物であったが、奥向きの酒宴で、酔って縁側から転落したのを、吉宗は片手で帯をとって引き上げたので、一座の者たちが、その腕力に感心したという話も残されている。

吉宗は、風貌や態度にも威厳があり、拝謁《はいえつ》した者はみな畏怖《いふ》したという。顔は色黒で、あばたがあったと伝えられる。性格はおだやかで、子どもも馴染んだ。また、冷静で、彼の側近として数十年仕えていた人でも、彼が怒って大きな声をだすのを一度も聞いたことがないという。

紀州藩主の時代、宿直の藩士が、夜遊びをして朝帰りをした。上役は厳罰に処そうとしたが、吉宗は、この者が武芸に熱心であることを聞き、「世に全徳《ぜんとく》の人は得がたし。一失あれば一得あり、一善あれば一過はゆる《（許）》すべきなり、我にはいまだ聞せざるさまして、この後宿直怠らざる様に、よくいまし《（戒）》むべし」（『徳川実紀』）と、人には短所も長所もある、自分には知らせなかったことにして、この者によく言い聞かせるよう上役に指示している。

先例やしきたりにとらわれることも少なかった。将軍就任後、それまでの将軍が、外様《とざま》大名からの献上品を口にしなかったのに対し、吉宗は、「我も紀伊国にてよく覚えある事よ、進献のものは、其家々にてことさら心を尽くして、調じ進《まい》らすることぞ、人の心をつく《（尽）》せしもの、むげ《（無下）》にすべきいはれなし、か、る太平《たいへい》の世に、何の恨みありてか、我に毒などすす《（勧）》むべきや」（『徳川実紀』）と、自分も紀州藩主であったからよくわかる。献上品は、とくに家をあげて心をつくしてととのえるものである。このような太平の世に、なんの恨みがあって毒などいれようかと、そのまま食べてしまった。江戸城近くで火事が起きた際には、みずから羽織・革袴をつけ、頭巾《ずきん》を帯に挟み、屋根のうえに飛び乗って、防火を指揮したという（『徳川実紀』）。

　こうした破格の行動に、人びとはおおいに驚いたが、たしかに吉宗は、従来の将軍たちとは異なる「異色の将軍」であった。

　教養については、室鳩巣が、「御文盲《ごもんもう》に御座なされ候」「御学文御好《おがくもんおこの》みの儀は承り申さず候」「粗鄙浅露《そひせんろ》の四字を出《い》で申さず」（『兼山秘策』）と、その浅さを酷評し、六代将軍家宣の正室天英院《てんえいいん》の父近衛基熙《このえもとひろ》▲も、日記のなかで、「和歌においては尤《もっと》も無骨なり、笑ふべし、〳〵」（『基熙公記《こうき》』）と、厳しい評価をあたえている。吉宗は、当時の社会において教養とされた、儒学や和歌などの知識や関心は乏しかったようである。

　たしかに吉宗は、文学については、少年期に深く学ぶことがなかったようである。このため、紀州藩主になったのち、幕府儒官《じゅかん》の林信篤《はやしのぶあつ》▲の弟子や、儒学者木下順庵《きのしたじゅんあん》▲の二男木下菊潭《きくたん》の弟子などを紀州藩邸に招き講義を受け、将軍就任後も、林信篤や木下順庵から直々に講義を受けている。吉宗なりに教養を身につけようとつとめたと思われる（『徳川実紀』）。

▼近衛基熙　一六四八～一七二二。公家《くげ》。関白《かんぱく》や太政《だいじょう》大臣をつとめる。母は後水尾《ごみずのお》天皇の皇女昭子《あきこ》内親王。和歌・書画・有職故実《ゆうそくこじつ》に精通した。『一簣抄《いっきしょう》』は彼が『源氏物語《げんじものがたり》』を研究し私注を加えたもの。

▼林信篤　一六四四～一七三二。林家《りんけ》当主。号は鳳岡《ほうこう》。湯島聖堂《ゆしませいどう》の完成とともに家塾《かじゅく》が昌平黌《しょうへいこう》となり、大学頭《だいがくのかみ》に命じられる。四代家綱から八代吉宗までの将軍に仕え、幕府教学の中心的存在。とくに綱吉の信任が厚かったが、反面、新井白石にはうとんじられた。編著『武徳成敗記《ぶとくせいばいき》』。

▼木下順庵　一六二一～九八。朱子学者、京都の人。松永尺五《まつながせきご》に認められ家塾を開く。教育者として優れ、室鳩巣・新井白石らを輩出。加賀前田《かがまえだ》家に仕え、のち綱吉の侍講となる。また、詩作を荻生徂徠に賞賛される。主著は『錦里《きんり》文集《もんじゅう》』。

▼申維翰　一六八一〜?。朝鮮王朝後期の文官《ぶんかん》。『海游録』は当時の日本各地のようすを記録している。朝鮮語に通じる対馬藩《つしまはん》儒学者雨森芳洲《あめのもりほうしゅう》と親交を結んだ。

しかし、将軍吉宗は侍講《じこう》室鳩巣の講義に際して、側衆に対して「文字等の義理上御不案内に候へば、委敷《くわしく》申上候ても御得心難被遊《あそばされがたく》候間、文字の訳は不申候て唯道理を第一に申上候様にと、御笑被遊ながら御謙遜の御様子にて」と、文字の意味などは、これをくわしく説明されてもわからないので、文字の意味は省き要点のみ説明してほしいと笑いながら謙遜していったという(『兼山秘策』)。やはり、吉宗はこれらの学問は苦手であったらしい。その一方で、吉宗は、法律、農政、天文、気象、地理、医学、薬学、蘭学《らんがく》など実用的・実学《じつがく》的な学問には高い関心を示している。また書もよくし、草字《そうじ》は定家《ていか》流、大字《だいじ》は唐様《からよう》が得意であり、絵も描き、虎の絵は定評があったという(『南紀徳川史』)。

一七一九(享保四)年、吉宗の将軍就任を賀して朝鮮から来日した通信使に、製述官《せいじゅつかん》(書記官)として随行した申維翰《シンユハン》▲の『海游録《かいゆうろく》』(平凡社東洋文庫)には、「吉宗は、ひととなりが精悍《せいかん》にして俊哲《しゅんてつ》、気性が魁傑《かいけつ》にして、かつ局量あり、武を好んで文を喜ばず、倹を崇《あが》んで華美を斥《しりぞ》ける」と、吉宗は、たくましく賢く、度量が大きく華美をきらっている。彼の政治は、窮民を救い厳罰を減刑するなど、「国人あげて讃頌《さんしょう》せざるものはない」と、国民が褒めたたえていることが記されている。

生活と趣味

吉宗の日常生活は質素であった。『徳川実紀』などによると、将軍就任後の食事は朝八時ごろと夕方四時ごろの一日二度であった。経済発展とともに、元禄時代ごろから一日三食の習慣が一般化していたが、吉宗は「一日二食で十分であり、それ以上は腹の奢《おご》りである。太平無事のときに飽食のくせをつけておいたら、非常時に昼夜奔走したり、兵糧が乏しくなった時に、十分に働くことはできない」と、一日二食を守ったという。しかも、その食事は一汁三菜《いちじゅうさんさい》に限り、城中で老中たちにだす料理も一汁一菜と決められた。

酒は好きだった。しかし、酒の肴《さかな》は三種までと定め、武芸の稽古場などで使う網模様の粗末な茶碗で飲んだ。酒量も、主税《ちから》を名乗っていたころは多かったが、二二歳で紀州藩主となったころからは、飲む量を決め、深酒は慎しむようになった。将軍就任後は、あらかじめ数を決めておき、これを超えることはなかったという。紀州藩主の時代、江戸赤坂藩邸では、食後に近習《きんじゅう》の者を従えて、約一里(約四キロ)ある藩邸のまわりを散歩した。これはみずからの健康のためと、家臣の実情を把握するためという。

服装も質素であった。綸子《りんず》は女のようにみえるといってきらい、ふだんは太い糸で織った縮帷子《ちぢみかたびら》を用い、冬は厳寒のときでも襦袢《じゅばん》を着ず、下襲《したかさね》も二枚までであった。年をとってからも、衣を火であたためることは一度もなく、鷹狩の際の羽織は木綿であり、乗馬のときの袴も小倉木綿であった。長男家重《いえしげ》にも肌着は木綿しか着させなかった。印籠《いんろう》は黒塗りで、付属品もすべて鉄・銅などで、金銀の飾りはつけなかった。こうした吉宗の倹約・緊縮ぶりに対して、江戸城の大奥では、彼を「野暮《やぼ》将軍」と呼んだといわれる。

趣味の第一は鷹狩であった。紀州藩主時代は紀州藩領で、将軍になってからは江戸周辺で盛んに鷹狩を行った。そのため、「上(将軍)のおすきなもの、御鷹野と下(庶民)の難儀」(享保七〈一七二二〉年六月「物揃《ものぞろえ》」『江戸時代落書類聚《らくしょるいじゅう》』所収)という落書もみられた。

乗馬も好んだ。若いころ吉宗が上手に馬に乗るのをみて、父光貞は、末っ子に生まれたことを惜しんだという。諸家の騎法を研究し、紀州時代には、狩りにでるたびに、領内の険しい山々を走り回った。将軍就任の翌年の一七一七(享保二)年には、長崎出島《でじま》のオランダ商館を通じて、貿易船で馬をつれてくるよう命じている。吉宗の希望は、地面より鞍下までの高さが一四五～一八〇センチほどの大型の馬五頭(雄三頭・雌二頭)で、これより大きい馬ならばなおよく、頭数も多いほどよいというものであった。馬をつれてきた商人には、貿易定高のほかに八〇〇貫目分の貿易を特別に許可する条件も示している。馬の輸入は、体型・体力が劣る日本の馬の品種改良のためでもあった。一七二六(享保十一)年からの一二年間に、計二七頭の西洋馬が輸入されている。

　吉宗は、西洋の馬術や馬についての知識も輸入した。長崎にきたオランダ人▲ケイヅルが乗馬の名手と聞くと、長崎まで馬役人を派遣して技術を学ばせた。西洋馬をはじめて輸入した一七二六年には、江戸城内の吹上《ふきあげ》御庭《おにわ》に長男の家重とともに出座し、ケイヅルらの乗馬技術をみている。のち、ケイヅルは、多くの者に西洋流の馬術を教えるとともに、ペルシア流の乗馬法と馬医の本を和訳して吉宗に献上した。このほか、吉宗は下総国《しもうさ》小金《こがね》・佐倉《さくら》(千葉県)の両地に牧場を開いて馬を養育するなど、馬に関する政策を展開した。

▼**ケイヅル**　?～一七三五。オランダ人。一七二八(享保十三)年に来日。吉宗により長崎から江戸に呼び出され、約一〇年間幕府に仕えた。吉宗は長年の彼の労をねぎらうために隅田川《すみだがわ》で花火を上げた。

ケイヅル(『和蘭馬芸之図』部分)

彼自身は、亘《わたる》と名づけた、たくましく一日に一〇〇〇里も走る栗毛の馬を好んだ。狩りにでかけるときは、必ずこの馬に乗り、その頭に鉄砲をすえて鳥を撃ったが、亘は驚かなかった。亘も、吉宗が乗るときは、首をさげて乗るのを待ったが、ほかの人が乗ろうとすると、飛びはねて近寄らせなかったという。

吉宗の女性観は、容姿で女性を評価しないというものであった。紀州にいたころ、鷹狩で農家に立ちよった際、その家の女性が米俵を両手にさげて軽々と運んでいるのをみて、気にいり側室にした。その際、吉宗は「丈夫なる女に付、丈夫な子出来るものならん」(『南紀徳川史』)と、丈夫そうな女性だから、丈夫な子ができるだろうといったという。

紀州藩主のころ、側室に迎えることになった女性の容姿が劣っていたため、家臣たちがたずねると、吉宗は、「婦人は貞正にして、妬心《としん》なきをよしとす。いかでかたちのよしあしを論ぜむや」(『徳川実紀』)と、女は貞節《ていせつ》で嫉妬深《しっとぶか》くないのが一番である、どうして容姿の優劣を話題にするのか、といい、側室に迎えた。これが吉宗の二男の田安宗武《たやすむねたけ》の母である(『南紀徳川史』)。

将軍職を継いでまもなく、大奥《おおおく》の女中のなかで、美女を書き上げるよう指示した。美女の親たちは、将軍の側室に選ばれるかもしれないと密かに喜んだ。役人が美女五〇余人の名前を書いて差しだしたところ、吉宗はこの者たちすべてに暇《ひま》をだすよう命じた。理由は、美女ならば暇をだしても嫁にいく先はあるが、そうでない者は、行き先もないだろうから、大奥で引き続き雇うというものであった(『徳川実紀』)。また、あるとき吉宗は、江戸城の大奥女中の一人に好意をもち、中臈《ちゅうろう》に取り立てようとしたが、幼いころに親が決めた相手がいるからと断わられた。しかし、吉宗は怒らず、「女たるものは、たれ(誰)もかくこそあらまほしけれ」と、女性はだれでもこのようにあってほしいと述べ、望みどおり暇をだし、祝儀として三〇〇両をあたえたという(『徳川実紀』)。いずれも吉宗の女性観がうかがえる話である。

以上のように、吉宗の経歴と個性は、将軍予備軍として江戸城で育てられてきたそれまでの将軍たちとは、大きく異なるものであった。そして、この異色の経歴と個性こそが、空前の大規模な政治改革＝享保改革《きょうほうのかいかく》を可能にしたのである。

徳川家継

▼新井白石　一六五七〜一七二[illegible]
[illegible]儒学者《じゅがくしゃ》[illegible]家。六代家宣・[illegible]とに[illegible]度《と》を[illegible]の待[illegible]った。[illegible]遇、[illegible]論《ろん》』[illegible]

②―「革命」政権の成立

将軍就任

歴史の偶然は、吉宗の人生を、再度大きく変えることになった。紀州藩主《きしゅうはんしゅ》に就任して一二年目の一七一六(享保《きょうほう》元)年四月三十日、七代将軍の徳川家継《いえつぐ》が、八歳で病死したのである。幼い家継には、当然のことながら跡継ぎはなく、将軍家(徳川宗家《そうけ》)の血統がたえたのである。こうした非常事態に対処するために設けられていたのが、尾張《おわり》・紀伊《きい》・水戸《みと》の御三家《ごさんけ》であった。六代将軍家宣《いえのぶ》の侍講《じこう》であった新井白石《あらいはくせき》▲の自叙伝『折《おり》たく柴《しば》の記《き》』によると、家宣は臨終のまぎわに、枕元に白石を呼び、子の家継がいまだ幼少なので、跡継ぎの七代将軍は尾張家の当主(四代藩主)の吉通《よしみち》にしてはどうか、と相談している。これに対し白石は、実子がいないのならばともかく、家継がいながら、吉通を跡継ぎにすると、将軍家に派閥争いが起きる可能性がある、家継を将軍にすべきと主張し、これが受け入れられたという。

こうして、家宣はなくなる四日前の一七一二(正徳《しょうとく》二)年十月十日、御三家の

徳川家宣

新井白石

当主たちに家継の補佐を依頼し、死去したのである。尾張の吉通は、家宣が病床で名前をあげるほど、優れた人物として知られていた。七代将軍の家継が、もしもの場合、八代将軍の座にもっとも近かったのは彼とされる。しかし、吉通はそれから一年もたたない一七一三(正徳三)年七月に死去する。しかも、跡を継いだ子の五郎太《ごろうた》も、同年十月になくなり、尾張藩主には吉通の弟の継友《つぐとも》が就いていたのである。

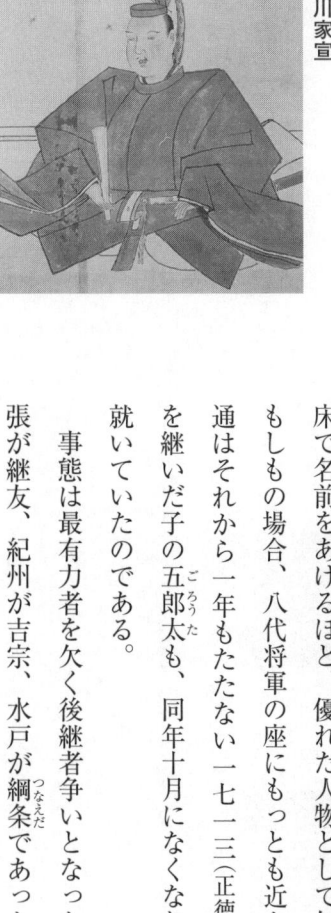

事態は最有力者を欠く後継者争いとなった。この時期、御三家の当主は、尾張が継友、紀州が吉宗、水戸が綱条《つなえだ》であった。紀州の吉宗は、さきにみたように、生母の身分において不利であった。家柄では尾張継友、年齢では水戸綱条が選ばれても不思議はなかった。一方、吉宗と綱条が家康の曽孫《そうそん》にあたるのに対し、継友は玄孫《げんそん》にあたり一世代若く、さらに彼は六代将軍家宣の臨終の際に遺命を受けていないという問題もあった。

これらの条件のもとで、老中《ろうじゅう》、側用人《そばようにん》、六代家宣の正室天英院《てんえいいん》らのあいだで話合いがもたれた。吉宗は、「門地《もんち》をもて申さば尾張殿、年齢をもて申さば水戸殿こそ、こたび(此度)の重任をば奉《たてまつ》はり給ふべけれ、某《それがし》に於ては、さらに思ひよらざる事なれば、辞し奉るなり」(『徳川実紀《じっき》』)と、家柄からいえば尾張継友、年齢からいえば水戸綱条が、後見役《こうけんやく》にふさわしいと辞退した。そこで、家宣の正室の天英院が、吉宗を大奥《おおおく》に招き、「御遺教のままに、国家の政務を摂し給ふべし。何ごともただただのみ思召《おぼしめし》」と、家宣の遺言として就任を頼んだものの、吉宗がさらに固辞したので、ついに天英院は声高に「弥《いよいよ》辞退あるべからず」と命じ、吉宗もようやくつつしんで拝命したという。

大奥を退出した吉宗を、水戸の綱条が迎え、「まげて天英院の御旨にまかせらるべし」と述べ、進んで吉宗の手をとり、上段の席に勧めた。そこで継友と綱条は、将軍の後見役となった吉宗に従う意をあらわすために、佩刀《はいとう》をはずして伏して挨拶した。これに対し、吉宗は「そのままに」といって上段の席をおり、「此後《こののち》も各《おのおの》と共に、天下の事を議し申すべければ、たゞかくて侍るべし」と、これからも二人とともに天下のことを議すからといい、ついにその日は上段の席に着かなかったという。

こうして、吉宗の将軍就任が決定したのである。しかし、実のところ、決定にいたるまでの老中らの話合いの内容については、よくわかっていない。家宣の遺命を受けた吉宗と綱条を比較し、紀州が水戸よりも家格が上ということで決まったとする説があるが、先例のないはじめての将軍家の血統断絶という状況のなかで、そう簡単に決まったとは考えにくい。御三家のあいだに対立があったともいわれる。とくに将軍をだした紀州家と、七代将軍の座を逸したうえ、御三家の筆頭でありながら、ふたたび将軍をだしそこねた尾張家とのあいだには、さまざまな憶測が乱れ飛んだ。一七二二(享保七)年の「御老中碁会《ごかい》」と題する落首《らくしゅ》には、「尾張様ハ一手たらず」(『江戸《えど》時代落書類聚《らくしょるいじゅう》』)という句がある。人びとは、八代将軍の就任を、紀州と尾張の勝負に見立てていたのである。また、「いの字揃《ぞろえ》」といわれる落首にも「先《さきの》公方《くぼう》様《さま》者《は》　御他《おた》かい」「月光院《げっこういん》様は　おいたはしい」「尾張は　はづかしい」「水戸は　如在ない(上手に振る舞った)」(徳富一九二六)と、尾張の面目《めんぼく》のないようすをうたっている。

紀州家の勝因

より厳しく、吉宗の就任を紀州家の陰謀とする見方もあった。たしかに、この時期、あいついでなくなった人びとの年齢をみると、六代将軍家宣が五〇歳、

『鸚鵡籠中記』

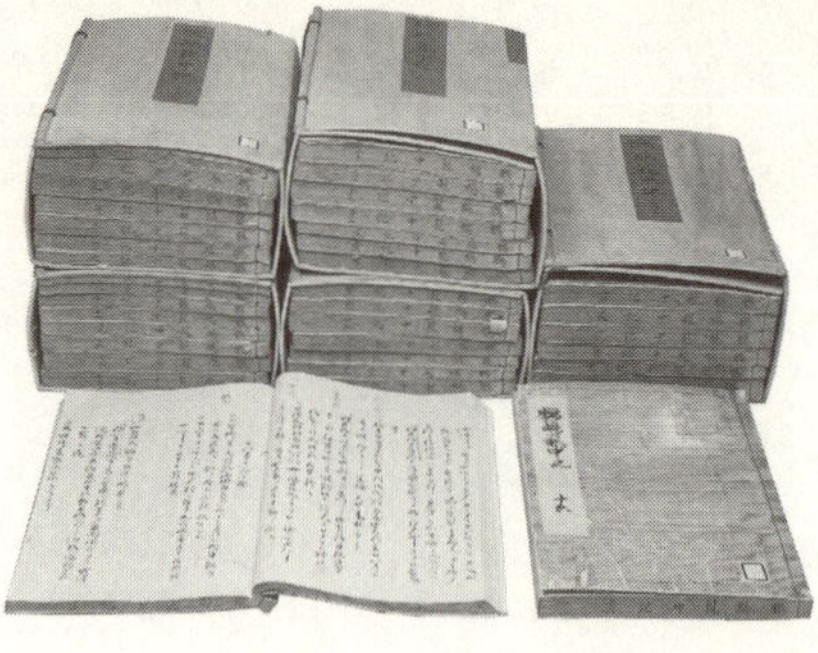

▼朝日重章　一六七四〜一七一八。尾張藩士。『鸚鵡籠中記』は三七冊にわたる彼の日記。さまざまな見聞をオウムのようにそのまま書いたという題意どおり、藩政や藩士の動向、世相や生活などが記されている。このため、絶家の際に藩の秘庫におさめられたという。

七代家継は八歳、さらに吉宗よりも有利な立場にあった尾張家の吉通は二五歳、その子五郎太が二歳と、いずれも早すぎる死であった。吉通は食後、急に血を吐いて苦しみながら死んだものであり、医師がそばにいながらまったく脈をとらないばかりか、重病の吉通を引き立てて、部屋を移したとして周囲から不審の目でみられたという(『兼山秘策《けんざんひさく》』)。あまりにも、紀州家に有利に働いた偶然を、謀略としてとらえる向きもあったのである。

しかし、この決定を情報収集力の優劣とみる見方もあった。尾張藩士の朝日《あさひ》文左衛門重章《ぶんざえもんしげあき》▲の『鸚鵡籠中記《おうむろうちゅうき》』には、将軍就任前後の紀州家と尾張家の動きを、次のように記している。すなわち享保元(一七一六)年四月晦日《みそか》(三十日)午後二時ごろ、七代将軍家継の報を受けて尾張藩邸は大混乱となり、駕籠《かご》の用意が間に合わず、藩主継友は馬を引きださせ、ただちにこれに乗り、供《とも》が切れ切れに走って登城した。このようすを、江戸の市民のあいだでは、よしという者、あるいは散々にいう者、とにかく評判になったという。

これに対して、紀州家では、二十九日夜にすでに密かに情報をえていたらしく、三十日朝から準備が整えられていた。出入りの魚売りや、油売りなどが、屋敷がざわついていると不審がっていた。そして、午後一時には、ふだんの倍の供を率いて、吉宗が整然と登城した。これに水戸家が続き、尾張家は紀州家に遅れること三〇分、さきのありさまでようやく登城し、御三家の最後になったのである。尾張家では、将軍の危篤という最重要情報をえられなかった担当の水野弥次太夫《みずのやじだゆう》を、「御城是程《これほど》の事を、物色せざるや、おおぬかり油断と叱るものもあり」と、厳しくとがめる者もいたという。

吉宗が、将軍職に就くことが決まった三十日夜、尾張藩邸▲では、江戸城から戻った藩主継友が、人払いのうえで、幕府《ばくふ》から尾張家につけられた付家老《つけがろう》の成《なる》瀬《せ》隼人正正幸《はやとのしょうまさゆき》ら重臣と話合いをもっている。あるいは、紀州家に対する遅れなども話題となったのであろう。成瀬は、「何やら大声二つ三つして不機嫌にて出《いで》られし」と、不機嫌に退室している。六代家宣のときの吉通に続いて、またしても将軍職を逸した尾張家内の陰険なようすがうかがえる。

このころ江戸市中では、尾張家を題材に多くの狂歌《きょうか》がみられた（『鸚鵡籠中記』）。

待まつる　天下は終《つい》に紀伊の国　尾張の首尾は　水戸もないこと

▼**尾張藩邸**　この時期の尾張藩邸は、上屋敷が市ケ谷《いちがや》（新宿区市谷）、中屋敷（カバー表写真参照）が麹町《こうじまち》（千代田区紀尾井町《きおいちょう》）、下屋敷が戸山《とやま》（新宿区戸山）にあった（新宿区市谷本村町遺跡調査団編『尾張藩徳川家上屋敷跡』）。

水戸はなし　尾張大根葉はしなび　紀の国みかん　鈴成ぞする
天下取　事はきらひで　尾張には　家中の物を　取るがすき也

五月一日、江戸城にすべての大名が登城し、後見人として吉宗が政治をとることが、老中より告げられた。こののち、午後四時に家継がなくなっている。翌二日には、白書院《しろしょいん》において、老中のほか、側用人の間部《まなべ》詮房《あきふさ》▲・本多忠良《ただよし》▲らが列座し、諸大名に対して家継の死亡が知らされた。さらに同日、吉宗の将軍就任にともない、「けふ《（今日）》よりして上様《うえ》と称し奉る、群臣二丸に出仕し御けしき《（気色）》伺ふ」(『徳川実紀』)と、「上様」と称することが告げられ、吉宗は二の丸において大名らの挨拶を受けたのである(『徳川実紀』)。

このころ紀州家の間者《かんじゃ》がさまざまな商人に化けて、尾張・水戸両家以下、諸大名の屋敷のようすを聞いている。五月三日には、尾張藩邸に薬売りに化けてきたところ、尾張家の知り合いの中間《ちゅうげん》にみつかっている。紀州家はわざとこのような活動をしていることを誇示している、との当時の人の意見も記されている。紀州家の活発な情報活動や、諸藩への無言の威嚇《いかく》がうかがわれる。いずれにしても、情報収集力において紀州家が尾張家を上回っていたことは、事実だ

間部詮房木像

▼**間部詮房**　一六六六〜一七二〇。もと猿楽師《さるがくし》の弟子であったが、六代将軍家宣・七代将軍家継の側用人、老中格。高崎《たかさき》藩五万石《ごく》藩主。新井白石とともに「正徳の治」を主導した。家宣の側室月光院との艶聞《えんぶん》も伝えられる。吉宗の将軍就任後左遷《させん》され死去。

▼**本多忠良**　一六九〇〜一七二〇。家宣の側用人。三河国刈谷《みかわのくにかりや》藩主、下総《しもうさ》国古河《こが》藩主となる。家宣の臨終にあたり、家継の補佐を命ぜられる。一七一六(享保元)年

吉宗の将軍就任とともに職を離れ、のち三四(同十九)年に老中となる。

吉宗将軍宣下諸大名賀儀(祝いの儀式)**の図**(『徳川盛世録』)

ったようである(『鸚鵡籠中記』)。

こうして吉宗は、紀州家の四男坊から紀州藩主、さらには将軍へと進んだのである。吉宗は、徳川宗家以外からはじめて将軍となった人物である。彼は、幼いころから、将軍予備軍として育てられた歴代の将軍たちとは大きく異なる経歴《キャリア》の持ち主であった。そして、この特異な経歴こそ、吉宗が先例や格式にとらわれず、みずからの意志を前面にだして政治を主導する重要な要因となったのである。

「革命」政権の成立

さて一七一六(享保元)年五月一日、吉宗は「上様」と名乗ることになり、大名らは二の丸にいた吉宗に挨拶した。七月一日には「近年大喪《たいそう》うちつゞきしかば京にて改元あり、正徳六年をあらため享保元年と称す」(『徳川実紀』)と、家宣・家継の葬儀が続いたことから、京都において正徳から享保へと改元が行われた。

八月十三日、吉宗は将軍宣下《せんげ》の礼を行い、正式に八代将軍に就任した。室《むろ》鳩巣《きゅうそう》は、この就任について、徳川家の血統からみると、二代秀忠《ひでただ》の血統は保《ほ》科《しな》(会津松平《あいづまつだいら》)家に受け継がれているものの、三代家光《いえみつ》の血統がたえたことを述べ、おりしも一七一六年が、一六一六(元和《げんな》二)年の家康《いえやす》の没後一〇一年目にあたることから、「元祖血脈への復古《ふっこ》」と記している(『兼山秘策』)。鳩巣によれば、吉宗は将軍就任に際して、「天下の御政務」のために従来の将軍とは異なる政策をとる場合があるが、家康以来の格式は尊重すると述べている。吉宗は、元祖血脈への復古＝神祖家康の権威に依拠しつつ、改革政治を開始したのである。

加賀《かが》藩の家老をつとめた今枝民部直方《いまえだみんぶなおかた》は、一七一七(享保二)年に「享保革命《かくめい》略史」(加越能《かえつのう》文庫所蔵)の史料の末尾で、「延宝《えんぽう》と享保は継世《けいせい》の革命なり、文照《ぶんしょう》公《こう》(六代家宣)を御養君として護持《ごじ》し給ふと、有章公《ゆうしょうこう》(七代家継)の御相続は革命の内にても順道なれば、延宝、享保とは一同に称すべからざるか」と、一六八〇(延宝八)年の徳川綱吉《つなよし》と、一七一六年の吉宗の将軍就任を「革命」ととらえる一文を記している。他方、五代綱吉から六代家宣は養子関係、六代家宣から七代家継は父子関係であるので「順道」とし、四代家綱から五代への延宝の世継ぎや、七代から八代吉宗への享保の世継ぎとは一線を画している。吉宗の就任は、

江戸城富士見櫓

当時識者に「革命」と認識されていたことが知られる。この場合、「革命」とは西洋でいうレボルーションではなく、中国の「易姓革命」＝血統の変更、王朝の交替のことである。

享保改革は、「革命」によって成立した吉宗政権によるあらたな国家秩序の形成と、財政再建の事業であった。

当時、新リーダー吉宗への期待は大きかった。旗本《はたもと》たちは、「天下の御長久の基《もとい》と、群臣奉安堵候《あんどたてまつりそうろう》」と、天下の平和が続くもとと安心した（『兼山秘策』）。庶民の期待も大きく、天英院の父近衛《このえ》基熙《もとひろ》の日記には、江戸市中で新将軍の評判がよいことが、たびたび記されている。当時、江戸市中で流行《はや》った「物《もの》は付《づ》け」という落書のなかには、「よきものは公方様《くぼうさま》」（『江戸時代落書類聚』）というものもある。また、「天下一《てんかいち》」という言葉も流行った。これは、天下一の総画数が八画であるので、一画に一代ずつ将軍をあてていくと、八代の吉宗で天下一の字になり、吉宗は天下一の名君になるというのである。七画目の「下」の字の小点が短命の家継にあたるとも述べている（『兼山秘策』）。政治が停滞し、経済も停滞するなか、吉宗は大きな期待を受けて、将軍職に就いたのである。

③享保改革——「大きな政府」

将軍権力の確立

御三家《ごさんけ》からはじめて将軍となった吉宗にとって、まずなすべきことは、将軍権力の確立であった。さきにみたように、吉宗は将軍に就任した際に、家康《いえやす》以来の格式を尊重することを宣言した。吉宗は、神(東照大権現《とうしょうだいごんげん》)となった曽祖父家康の権威に依拠して、みずからの権力を確立し、国家の再建をめざしたのである。

一七一六(享保元《きょうほう》)年、鷹狩《たかがり》▲を復活した。家康の鷹狩好きは有名で、関東や東《とう》海道《かいどう》の各地で、盛んに鷹狩を行った。家康は、一六〇三(慶長《けいちょう》八)年、征夷大《せいいたい》将軍《しょうぐん》になると、諸国の大名《だいみょう》に対して鷹狩を禁止し、翌〇四(同九)年には公家《くげ》にも禁止令をだした。そのうえで、一部の大名や重臣に鷹場《たかば》を貸すなど放鷹権《ほうようけん》を独占し、国家統治者としての権威を確立したのである。その後、五代将軍綱《つな》吉《よし》は、「生類憐《しょうるいあわれ》みの令《れい》」▲との関係から、鷹狩を中止した。この方針は、儒教《じゅきょう》に基づく文治《ぶんち》政治を展開した六代家宣《いえのぶ》、七代家継《いえつぐ》の時代にも継承された。

▼**鷹狩**　鷹を使用し獲物を狩る遊戯。中央アジアから伝播したとされ、古代には天皇や貴族《きぞく》、中世には武士が楽しんだ。近世にはいり、綱吉の生類憐みの令により一時禁止されたが、吉宗は鷹狩を好み「鷹将軍」の異名をとった。

▼**生類憐みの令**　一六八五(貞《じょう》享《きょう》二)年に綱吉が発令した殺生《せっしょう》禁止令。範囲は牛馬・犬から病人・囚人などの人間におよび、違反者は死罪・流罪《るざい》など厳罰に処せられた。また、保護した犬の養育費を民衆から徴収したため、不満が高まり、将軍の死後早々に廃止された。

小金原《こがねはら》の狩猟(山内道正画『小金原田蒐之図《たがりのず》』)

こうした状況に対して、吉宗は将軍就任直後の九月に江戸《えど》周辺地域を鷹場に指定した(扉写真参照)。吉宗の将軍就任後、最初の政策は、実は鷹狩と鷹場の復活だったのである。一七一七(享保二)年五月、吉宗は亀戸《かめいど》(江東区《こうとう》)隅田川《すみだがわ》で最初の鷹狩を行った。一六七九(延宝《えんぽう》七)年二月に、四代家綱《いえつな》が麻布《あざぶ》(港区《みなと》)で行って以来、三八年三カ月ぶりの再開であった。吉宗の鷹狩復活は、個人的趣味を超えて、かつて家康が国家統治者としての権威を確立する手段に用いた鷹狩を、ふたたび将軍権力の確立のために利用した政策であった。

吉宗の家康尊重については、次のような逸話が残されている。ある人が、吉宗の前で、長年泰平《たいへい》が続いたために、みな家康を尊敬しなくなり、御家人《ごけにん》もしだいに貧窮し、武具を商人にあずけて金を借りるようになったとなげいた。すると吉宗は、「いやとよ、応仁《おうにん》以来四海共に兵革にくる(苦)しみしを、東照宮千辛万苦し給ひ、天下を太平《たいへい》に治められ、今にいたるまで、その御神徳により無事の世と成、武士たるものも、弓は袋に、剣は鞘《さや》に納るを常の事とし、あま(剰)さへ兵具を市井《しせい》の質庫に入て置とも、人々見なれ聞なれて恥るものもなきは、実に天地開闢《かいびゃく》せしよりこのかた、かゝる目出たき時もあるまじければ、神意もさぞ悦ばしめ給ふべし、そが中に、治世に乱をわすれ（忘）ず、常々武備を心にかけ、兵具を愛護するものあらば、これはわけてます〳〵神慮にかな（適）ふべし」（『徳川実《じつ》紀《き》』）と、応仁の乱以来、国内で戦争があり苦しんでいたのを、家康は苦労して天下泰平を実現した、今日まで、家康の神徳によって平和が続き、武士たちも弓を袋にいれ、剣を鞘におさめるのを日常とし、兵具を質屋にいれても恥ずかしいと思わないのは、天地開闢以来このようなめでたいときがなかったので、家康もさぞ喜んでいるだろう、そうしたなかで、平和時に戦乱を忘れず、つねづね武備を心がけ、兵具を愛する者があれば、さらに家康の心にかなうであろうといった。吉宗は、家康の達成した「太平」を高く評価し、武士が武器をしまうことを、とがめなかった。吉宗の政治は、家康の「太平」の浸透でもあったのである。

紀州派の形成

吉宗はまた、綱吉・家宣・家継の三代にわたって、将軍を補佐して政治を主導した側近勢力＝側用人《そばようにん》制を廃止した。これにより、新井白石《あらいはくせき》・間部詮房《まなべあきふさ》ら

「正徳《しょうとく》の治《ち》」を担ってきた者たちを解任した。そして、みずからの将軍就任を支持し実現した、「援立《えんりつ》の臣《しん》」と呼ばれる老中《ろうじゅう》たちを厚遇した。吉宗は、彼らが死亡したり、高齢で引退するまで、人事にはほとんど手をつけず、将軍就任後、みずから任命した老中は、水野《みずの》忠之《ただゆき》▲ただ一人であった。

しかし一方で、吉宗は権力基盤の創出を行った。それは、将軍側近を自分の出身母体である元紀州藩士《きしゅうはんし》で固めたのである。すなわち、吉宗の将軍就任にともない、一七二五（享保十）年までに二〇五人の紀州藩士が幕臣《ばくしん》となったが、彼らは、御用取次《ごようとりつぎ》、御側《おそば》、小姓《こしょう》、小納戸頭取《こなんどとうどり》、小納戸など将軍側近職に就任している。とくに将軍の私的財政を担当する小納戸を統括する小納戸頭取（三人）と、将軍と老中・奉行《ぶぎょう》とのあいだを取り次ぐ御用取次（初め三人、のち二人）は、享保改革を通じて、すべて紀州藩出身者が独占するという徹底ぶりであった。

一七二一（享保六）年七月、幕府《ばくふ》医官の丹羽正伯貞機《にわしょうはくていき》▲が、陸奥《むつ》・出羽《でわ》・常陸《ひたち》方面に薬草調査にでかける際、会津《あいづ》藩江戸藩邸は、「尤《もっとも》正伯軽様《かるきさま》ニ者《は》候得共、遠江守《とおとうみのかみ》様御《お》心易者《こころやすきもの》ニ候間、自然《じねん》手支《てつかえ》も候而者如何候間、油断致《ゆだんいたし》間敷《まじき》由《よし》江戸より申来《もうしきたり》候」（『会津藩家世《かせい》実紀』）と、丹羽は身分は低そうであるが、紀州派

▼**水野忠之**　一六六九～一七三一。老中。のちに水野忠邦《ただくに》を輩出する家柄で、忠之も「凡人に非ず」と評された。享保改革の前半を主導し、大岡忠相らを指揮して財政改革を行い、幕府の経済的困窮を救った。しかし不況を招き、民衆の不満のなか退陣した。

▼**丹羽貞機**　一六九一～一七五六。本草《ほんぞう》学者。伊勢国松坂出身。京で医学を学び、幕府医官となり薬草政策にあたる。見分使として、全国各地でさまざまな薬草を調査し、また和薬改所《わやくあらためじょ》を主導し、薬の真偽を吟味した。下総国滝台野《たきだいの》（千葉県船橋《ふなばし》市）に薬園をあたえられ、これを管理した。

で御側御用取次の加納《かのう》遠江守久通《ひさみち》と親しく、もし支障があるとまずいので、油断しないようにと国元《くにもと》に伝え、吉宗側近の加納に近い丹羽を警戒している。紀州派の一人に、紀州藩士から駒場《こまば》薬園（目黒《めぐろ》区）の責任者の薬園預《あずか》りに任命された植村《うえむら》左平次《さへいじ》政勝《まさかつ》がいる。植村は、祖父・父ともに紀州藩領の伊勢国飯高《いせのくにいいだか》郡大津《おおつ》村の枝《えだ》村（三重県松阪《まつざか》市）の郷士《ごうし》であり、彼もまた農民であったが、一七一〇（宝永《ほうえい》七）年十月二十八日、当時紀州藩主の吉宗により御庭方《おにわかた》御用に登用された。この事情については、「明君《めいくん》（吉宗）紀州ニ被遊御座《ござあそばされ》候節《そうろうせつ》、御領分勢州《せいしゅう》杉《すぎ》村ノ百姓《ひゃくしょう》ニテ夫《それ》ニ出《いで》タル処《ところ》甚《はなはだ》正直ナル人ニテ御目ニトマリ、御草履《おぞうり》取リニ召仕《めしつか》ハレ」（『南紀徳川史』）と、植村が正直者であったのが吉宗の目にとまり、草履取りに登用されたとされる。吉宗の将軍就任後、植村は江戸の駒場薬園預りに任命されるが、「御本丸へ被為入《いらせられ》候節《そうろうせつ》モ則《すなわち》御供ニテ罷在《まかりあり》候処、御馴染《おなじみ》深キユへ常御目通《つねおめどお》リへ罷出《まかりいで》、御心易《おこころやす》ク御意《ぎょい》ヲモ被下置《くだされおき》、或日《あるひ》明君御意ニテ其方事ハ国元ニテ百姓ノ生立故《おいたちゆえ》其身相応ノ役ヲ申付《もうしつけ》ル、是ヨリ駒場園ヲ守リ薬草出《しゅっ》精《せい》仕《つかまつり》可作《つくるべき》カトオドケナガラ仰付《おおせつけ》ラレケル由《よし》小笠原侯《おがさわらこう》（吉宗御側衆《おそばしゅう》・石見《いわみ》守政《まさ》登《なり》）ノ物語ナリ」（『南紀徳川史』）と、植村はふだんから吉宗と馴染みであり、吉宗は彼が農民の出身であることを理由に、おどけながら、出自相応の役職の駒場薬園預りに任命したとされる。

植村は一七四二(寛保《かんぽう》二)年の関東大洪水の際には、当初予定されていた農民出身の川崎平右衛門定孝《かわさきへいえもんさだたか》にかわり、下総《しもうさ》国・武蔵《むさし》国など四カ国をまわり、作物の出来方を調べ、対策を上申《じょうしん》するよう命じられた。このとき吉宗は、「左平次も元百姓ニ候得ハ平右衛門同前之事之由御申聞候」と、植村が川崎と同じく農民出身であることを理由に、任命している。しかもこのときの調査は、後述の御庭番《おにわばん》三人とともにでかけている(『大岡越前守忠相日記《おおおかえちぜんのかみただすけにっき》』)。将軍吉宗と紀州派との関係の深さがうかがわれる。

一七二六(享保十一)年には、御庭番を新設した。御庭番は、江戸城の奥庭の警備が表向きの任務であったが、実は内密の任務として、将軍や御用取次の指示を直接受けて、諸藩の動向や幕府役人の行状《ぎょうじょう》、さらには世間の風聞などの情報を収集した。定員は一七人であり、すべて世襲であったが、これもまた全員が紀州藩出身者で固められていた。のち別家などで二二家となり幕末《ばくまつ》まで続くが、これらもみな紀州藩出身の家であった。将軍に直属し、耳目《じもく》となって活動した御庭番も、紀州派が独占したのである(深井一九九一)。

一七二一年八月、幕府は江戸の評定所《ひょうじょうしょ》前に目安箱《めやすばこ》を設置した。目安箱は、将軍側近が鍵をかけたまま吉宗のところへもっていき、小姓が鍵をあけ、封のまま吉宗に渡し、吉宗みずからが封を切って読み、訴えの内容をみて、それぞれ担当の奉行に指示し、対応させるという仕組みになっていた(『徳川実紀』)。本島知辰《もとじまともたつ》▲が見聞したことを記した『月堂見聞集《げつどうけんぶんしゅう》』によれば、目安箱の大きさは約七五立法センチ、上は銅板を張り、約六センチ四方の口があけてあり、鍵は前部にかけてあった。この制度は、儒学者《じゅがくしゃ》室鳩巣《むろきゅうそう》の献言によるとも(『兼山《けんざん》秘策《ひさく》』)、吉宗が紀州藩主のとき、和歌山城門前に訴訟箱をおき、政治上の意見を求めたことによるとも(『南紀徳川史』)いわれる。

目安箱は、こののち一七二七(享保十二)年に、京都・大坂両町奉行所の前にも毎月三度設けられ、三六(元文元《げんぶん》)年には、畿内《きない》の農民のために年二回、京都・大坂両町奉行所に設けられた。同年、駿府《すんぷ》(静岡県)と甲府《こうふ》(山梨県)にも設置され、目安箱の制度は享保改革をとおして、拡大されていった(『御触書《おふれがき》寛保集成』)。吉宗は、目安箱の制度によって、庶民の政治批判を封ずるとともに、

目安箱と鍵

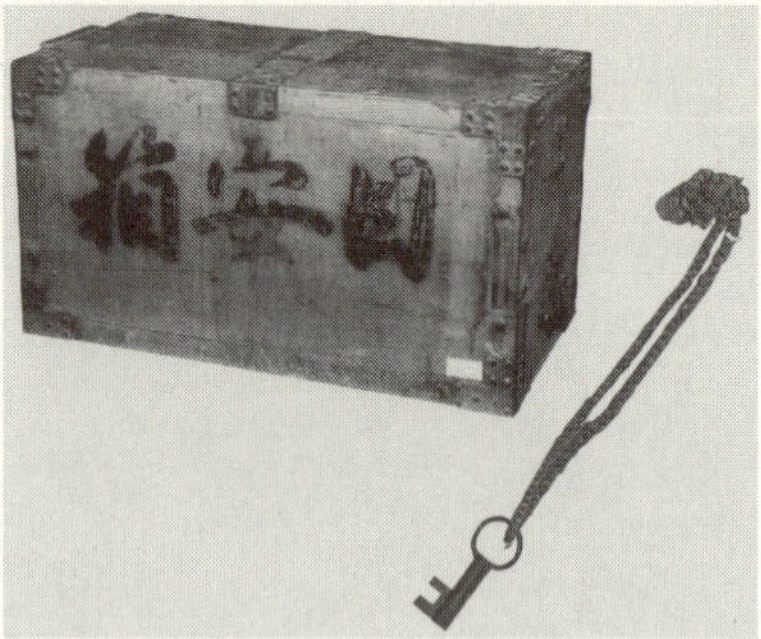

▼本島知辰　生没年未詳。京都の商人。著書『月堂見聞集』は一六九七(元禄《げんろく》十)年から一七三四(享保十九)年までの政治・経済から風俗まで網羅した書物。同書は江戸時代の巷説《こうせつ》や経済史料の叢書『近世風俗見聞集』におさめられている。

直訴《じきそ》の先を将軍ただ一人に限定し、みずからを民衆の声を直接に聞く国家統治者として位置づけたのである。

吉宗は、将軍就任以来さまざまな政策を展開することによって、将軍権力を確立していったのである。

首都改造と都市政策

「将軍のお膝元《ひざもと》」の江戸は、近世国家の政治の中心＝首都であった。そこには、将軍直属の旗本《はたもと》や御家人《ごけにん》、参勤交代《さんきんこうたい》制により隔年江戸での生活を強制された大《だい》名《みょう》、これに仕える家臣団《かしんだん》が生活していた。彼らの日常生活を支える商人や職人も多く住んでおり、江戸はまさに巨大都市であった。

江戸の人口については諸説があるが、元禄期にはすでに一〇〇万人に達したといわれる。しかし都市政策は遅れ気味であった。一七一七(享保二)年二月、吉宗は大岡越前守忠相を町奉行に任命し、首都の全面的改造に取り組ませた。それは防火都市への改造であった。大岡は「いろは四十七組」の町火消《まちびけし》組合を結成し、瓦葺《かわらぶ》き屋根や土蔵《どぞう》造りなど耐火建築を奨励する一方、火災時の避難用・

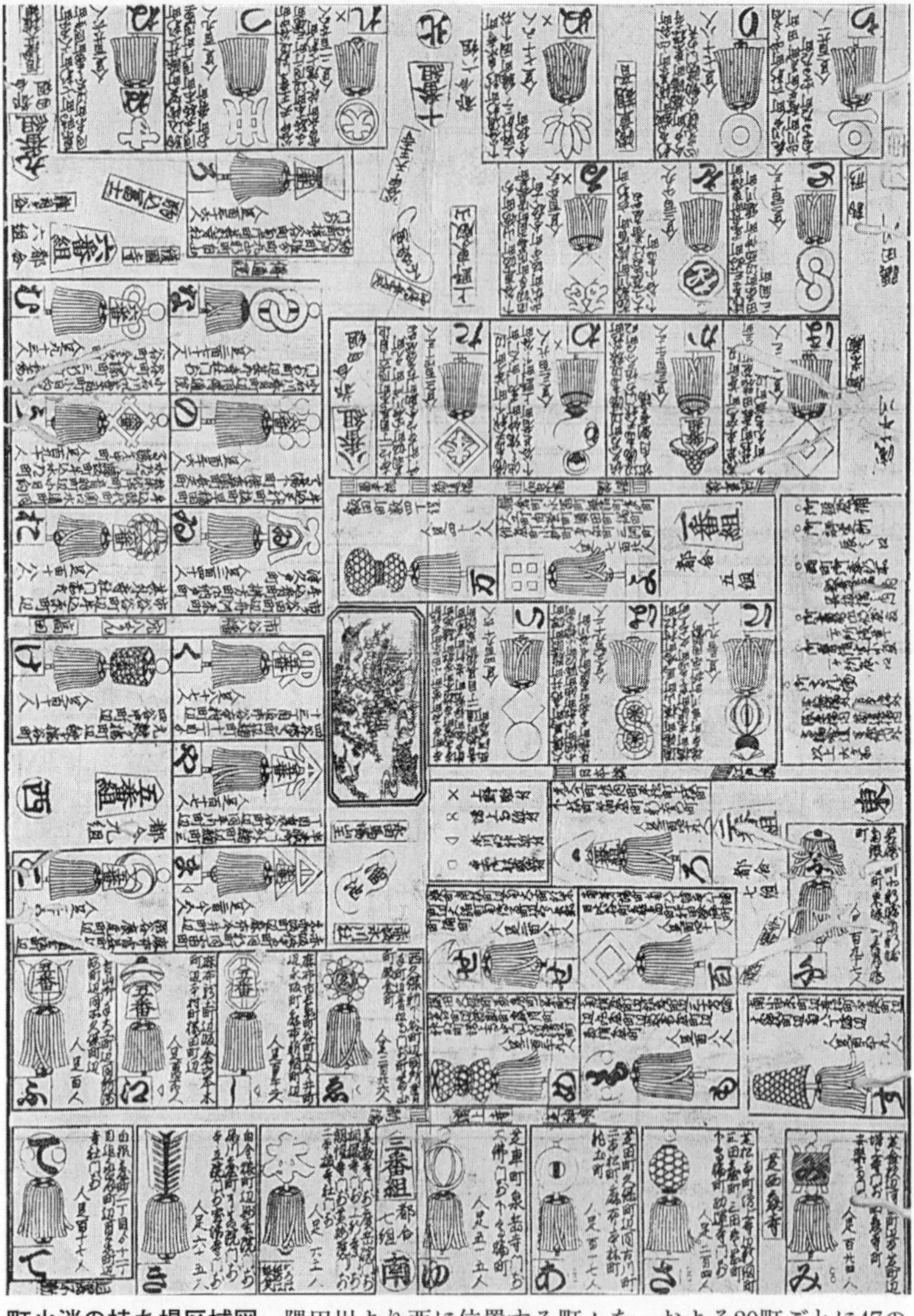

町火消の持ち場区域図　隅田川より西に位置する町々を，およそ20町ごとに47の小組に分け，組の名にいろは48文字をあてた。48文字のうち「ん」は除かれ，残る47文字のうち，「へ・ら・ひ」は音が悪いというのでこれを避け，「百・千・万」組とした。のちに「本」組を加え計48組となっている。なお，これとは別に本所深川《ほんじょふかがわ》地域は16の小組に分けられた。

消火活動をする火消たち(『目《め》黒《ぐろ》行《ぎょう》人坂《にんざか》火災絵巻』)

火災に強い土蔵(『目黒行人坂火災絵巻』)

火の見櫓と広小路(『江戸名所《めいしょ》図《ず》会《え》』)

堂島の米商い(『浪花《なにわ》名所図会』)

延焼防止用の空き地である火除地《ひよけち》を多数設置し、火《ひ》の見櫓《みやぐら》制度を整備した。これらの政策を通じて、首都江戸の景観は大きく変わったのである。

吉宗や大岡は、さまざまな都市政策も展開した。一七二二(享保七)年には、町医師小川笙船《おがわしょうせん》の目安箱への献策を受け、小石川《こいしかわ》薬園(東京大学附属小石川植物園)に養生所《ようじょうしょ》を設立し、極貧の者や身寄りのない者を無料で治療した。

「米価安《べいかやす》の諸色高《しょしきだか》」の対策、すなわち米価の引上げと諸物価の引下げにも取り組んだ。まず、米価の引上げとして、米の空米取引《からまいとりひき》を許可して仮需要をふやし、買米令《かいまいれい》▲や置米令《おきまいれい》▲により実需要をふやした。一七三〇(享保十五)年に「天下の台所」の大坂に設置した堂島《どうじま》の米市場は、江戸商人の資本で米価を統制しようとするものであったが、大坂商人の抵抗により失敗した。これら米価政策に全力で取り組んだ吉宗は、「米将軍」とあだ名された。一方、諸色高に対しては、江戸の商人や職人に命じ、紺屋《こうや》・菓子屋・下駄屋など九六種類の業種別組合(仲間)を結成させ、商人支配や価格統制を行った。江戸の商人たちは、幕府のもとに業界別に一元的に編成され統制を受けることになったのである。

▼**買米令**　一七三一(享保十六)年から一八一〇(文化《ぶんか》七)年にかけて七回発令された幕府の米価調節策。豊年時、裕福な商人に米を強制的に購入させ、市場に出回る米を制限し、米価の下落を防いだ。

▼**置米令**　囲《かこ》い米《まい》ともいう。幕府や藩が米の安価の原因は米あまりによるとし、飢饉対策をかねて各地に米を備蓄させた。

飛鳥山公園の花見

首都圏の再編

首都江戸の改造と並行して、その外延地域＝首都圏の再編も進められた。この地域は、分散入組みの領主支配の違いを超えて、江戸城・将軍家と直接にかかわる政治的・軍事的な機能と性格を有し、将軍・徳川家の場所・領域という意味の「御場《おば》」「御場所《おばしょ》」と呼ばれた。居住する浪人は、すべて検査を受けるという支配の最重点地域であり、こうした機能と性格を重視して、この地域は「江戸城城付地《しろつけち》」とも呼ばれる（大石一九九六ａ）。

吉宗は、この城付地の東西南北に公園を設けた。江戸の東郊は隅田川堤《すみだがわづつみ》（墨《すみ》田《だ》区）、南郊は品川御殿山《しながわごてんやま》（品川区）、北郊は王子飛鳥山《おうじあすかやま》（北区）、西郊は多摩《たま》郡中《なか》野《の》村（中野区）である。これらは、いずれも吉宗の命により、桜・桃・松・楓などが植えられ、市民の行楽地となった。一説では、隅田川の川開きの花火は、吉宗の指示により始められたという。このほか、玉川上水《たまがわじょうすい》沿いの小金井《こがねい》桜（小金井市・小平《こだいら》市）も、吉宗の指示によるものであった。飛鳥山は江戸近郊第一の桜の名所となり、それまで花見の季節には、群衆が幕を張り歌や浄瑠璃《じょうるり》などで騒がしかった上野《うえの》の山（台東区《たいとう》）が静かになった。吉宗の公園政策は、行楽地の再編成でもあったのである。しかし、これら東西南北の行楽地が、いずれも将軍の御場であったことはみのがせない。市民の行楽は、あくまでも将軍の領域において、将軍からあたえられるという形式をとったのである。

享保改革全期（一七一六〜四五年）を通じて、鷹場制度は整備・強化されていった（扉写真参照）。江戸周辺地域は、領主支配の違いを超えて、野方《のがた》領、麻布領など「領」▲を単位に、葛西《かさい》筋、岩淵《いわぶち》筋など六つの「筋」に再編成された。鷹場は、鷹を訓練する鷹匠《たかじょう》や、筋ごとにおかれた鳥見《とりみ》などの幕府役人の支配を受け、江戸城・将軍家との関係から改めて位置づけられるとともに、その一体性・同質性を強めたのである（大石一九九六ａ）。

国家政策・公共政策の展開

吉宗は、さまざまな国家政策・公共政策も展開した。たとえば、一七一七（享保二）年、彼は日本絵図の作成を指示している。古来より国土の地図と土地台帳を完備することは、国家統治者のならわしであった。日本絵図は、相模《さがみ》国・駿河《するが》国など国ごとの国絵図《くにえず》を集成して作成したが、元禄の日本絵図の出来

江戸両国橋《りょうごくばし》の花火

▼領　(1)御触廻状の伝達単位、(2)鷹場人足《にんそく》の負担単位、(3)鷹場を管理する鷹場役人の宿泊費用の負担単位、(4)鷹場を管理する鷹野役所への諸届けや取次の単位、(5)江戸城内で栽培する野菜類の種物や草木類、慰み物としての虫類など江戸城への諸上納物の負担単位として機能する。

がよくなかったことから、吉宗はこの再編集を命じたのである(川村一九九〇)。作業は、一七二三(享保八)年に終了したが、絵図の作成は、国土の実態把握と同時に、吉宗が全国統治者であることを広く認識させる役割を果たした(カバー裏写真参照)。

また、一七二〇(享保五)年には、全国的な河川の国役普請《くにやくふしん》体制を整備した。これは、幕府主導のもとで、各国を単位に、領主支配の違いを超えて河川の普請費用を負担するという国土保全体制の整備であった。吉宗は、同じく一七二〇年ごろから、薬草政策を展開した。先述のように、吉宗の将軍就任前後は疫病が大流行しており、彼は諸藩を指導し、全国で薬草政策を展開した。幕府によって全国に派遣された見分使《けんぶんし》は、幕府領・藩領・寺社領の違いなく各地で薬草を調査し、知識や技術を交換した。小石川薬園(文京区)や駒場薬園(目黒区)をはじめ、各地で薬園を整備し、見分—栽培—流通—販売、という薬草に関する国家的な管理体制も確立した。

一七二〇年、幕府は「孝行者・実体者《じっていもの》」の褒賞《ほうしょう》基準を定め、儒教《じゅきょう》思想の浸透をはかっている。この孝子《こうし》褒賞政策は、享保改革全期を通じて実施されたが、

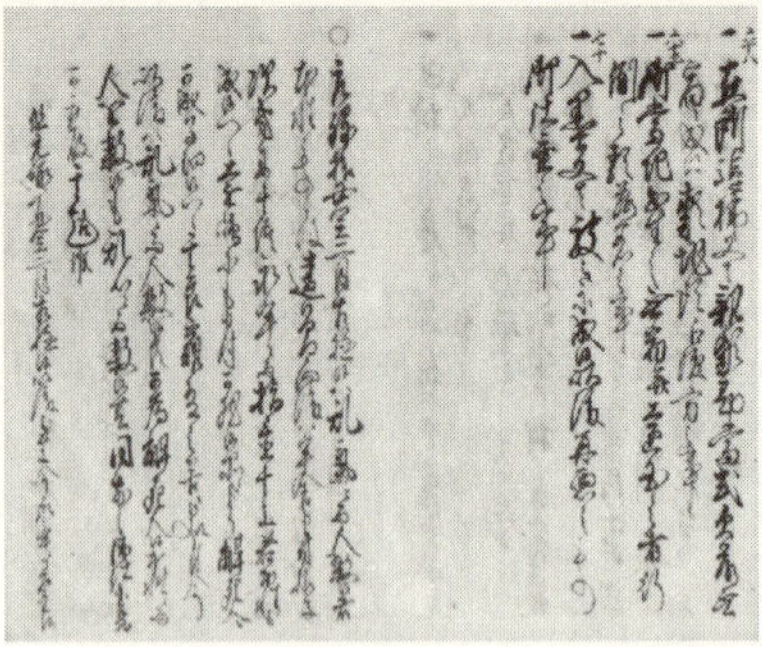

『享保撰要類集』

▼松平乗邑　一六八六〜一七四六。享保改革期の老中。改革後期の年貢《ねんぐ》増徴・新田《しんでん》開発を主導。吉宗に評価される反面、強引な増税は民衆の反感を招いた。吉宗の将軍引退直後、専横を理由に罷免《ひめん》、蟄居《ちっきょ》させられた。「松平左近将監風説集」（国立公文書館内閣文庫所蔵）に彼への批判がみられる。

幕領のみならず諸藩領でも行われており、全国政策であった。

同じく一七二〇年には、『公事方《くじかた》御《お》定書《さだめがき》』（上下巻あり、下巻は「御定書百箇条」と称される）の編纂を開始した。これは、社会が複雑化して訴訟件数が増加し、迅速かつ合理的な裁判をするために、従来の慣習や判例を整理する必要に迫られたことによる。本格的な編纂は、一七三七（元文《げんぶん》二）年閏《うるう》十一月に始まり、老中《ろうじゅう》の松平《まつだいら》左近《さこん》将監《しょうげん》乗邑《のりさと》▲が編纂主任となり、寺社・町《まち》・勘定《かんじょう》の三奉行が編纂にあたり、四二（寛保二）年に完成した。以後、『公事方御定書』は、幕府の基本法典となり、諸藩の刑法の基準となった。このほか一七二四（享保九）年に成立した『享保度《ど》法律類寄《ほうりつるいよせ》』、享保期の触《ふれ》・達《たっし》や評定所一座の評議を集めた『享保撰《せん》要類集《ようるいじゅう》』、大岡忠相が部下に命じて町触を整理した『撰要類集』、江戸時代初期からの法令を分類した『御触書寛保集成』なども編纂された。全国支配の客観的基準である法が、飛躍的に整備されたのである。

一七二一（享保六）年には、はじめて全国の土地・人口調査が行われた。人口調査は、一七二六（享保十一）年以降、六年ごとに行われるが、これらの調査も最終的には、大名や旗本など領主支配の違いを超えて、国・郡の単位で集計された。かつて、豊臣《とよとみ》政権が全国の土地と人民を、「御前帳《ごぜんちょう》」▲と「人払《ひとはら》い令《れい》」▲によって把握した際も、国・郡の単位であった。吉宗は、全国統治者として大名との主従制の論理を超えて、国・郡の国家の枠組みを通じて全国の土地と人民を把握したのである。

吉宗は、国民教育の振興もはかった。それまでの幕府の教育方針は、将軍をはじめとする支配者のための儒学振興であったが、吉宗は庶民教育としても儒学を普及・振興し、支配の安定化をはかったのである。幕府は、湯島《ゆしま》や高倉《たかくら》屋敷（装束《しょうぞく》を担当する公家《くげ》高倉家が使用する屋敷、中央区八重洲《やえす》）での儒学の講義を庶民にも開放した。一七二二（享保七）年には儒学の徳目をまとめた『六諭衍義大意《りくゆえんぎたいい》』▲を出版し、江戸中の手習いの師匠にこれを手本として用いるよう命じた。同年、葛西の医者吉田順庵《よしだじゅんあん》が幕府の法令を手本にしていたのを賞し、代官《だいかん》に命じて各地の手習い師匠にもこれを実行させた。さらに、私塾にも援助をあたえ、教育の振興をはかっている。

以上、吉宗は享保改革を通じて、さまざまな国家政策・公共政策を展開した。吉宗がめざしたのは、国家が社会のすみずみまで介入し、手を差し伸べること

▼**御前帳**　天皇や大名、関白《かんぱく》などが石高《こくだか》や人民を掌握するために用いた基本帳簿。国郡別に石高を記載した。貴人の御前に備えたことにちなむ名称。豊臣秀吉《ひでよし》が禁中に献納した検地帳《けんちちょう》は一例。のちに徳川家康も諸大名に提出を求めたが、これは郷帳《ごうちょう》の基礎となった。

▼**人払い令**　一五九二（文禄《ぶんろく》元）年、秀吉が全国に指示し、一村ごとに家数・人数を調べ、夫役《ぶやく》負担可能な男子の数を算出した。全国一律で実施されたことに大きな意義があった。

▼**『六諭衍義大意』**　吉宗の命により室鳩巣が和文で著わし、庶民教化のために幕府が一七二二（享保七）年に発行した教科書。六諭とは、清の世祖が一六五二年に示した教育勅諭《ちょくゆ》。『六諭衍義大意』は范鋐《はんこう》が著わした六諭の解説書。

によって、社会を安定させる、「大きな政府」であった。

将軍吉宗の苦労については、次のような逸話が残されている。すなわち、夏の夕方大奥《おおおく》の老尼が入浴をすませて吉宗の御前にでた。吉宗は「さぞ心地よかるべし」というと、その尼はユーモアがあり、「まことに天下をとりし心持になり候」といった。すると吉宗はおおいに笑い、「汝《なんじ》何のざれ言ぞ。天下を有《たも》つ身は、何の快《こころよ》き事かあるべき、これを快しと思ひ、心のまゝにふるまはゞ、その身も亡び、天下を失ふべきなり、されば常に、天下はあづかり物と思ひ、京都を始め、下民の事までも日夜心に忘れず、天道《てんどう》を尊び、神祇《じんぎ》をうやまひ、瑣々《ささ》たる末事までも心をめぐらし、しばしの間も安き心なし、何ぞ湯あみて、暑を忘れしがごとく、快き物ならんや」(『徳川実紀』)と、冗談をいうか、天下をもつ身は、気持ちがいいことなどない、これを気持ちいいと思い、勝手に振る舞えば、その身は亡び天下も失う、したがって日夜、京都の天皇から庶民のことまで考え、天道を大切にし、神祇を敬い、瑣末なことまで気を配り、気が休まることはない、湯浴みをして暑さを忘れるような快いものではない、といったという。改革を進める吉宗の心境が伝わってくる逸話となっている。

▼**全国幕領からの年貢収入**　財源の基本。幕領は元禄《げんろく》時代から幕《ばく》末《まつ》期まで約四〇〇万石、さらに旗本・御家人の知行《ちぎょう》地《ち》約三〇〇万石をあわせた広義の幕領七〇〇万石は、全国総石高約二六〇〇万石の約四分の一におよんだ。これらは、関東・畿内《きない》・東海など農業生産力の高い地域や商品生産が進む

④ 財政再建と官僚システム

幕府財政の公共性

吉宗の「大きな政府」＝国家政策・公共政策を基礎づけたのが、幕府《ばくふ》財政であった。幕府の財源は、⑴全国幕領《ばくりょう》からの年貢《ねんぐ》収入▲、⑵直轄都市からの収入▲、⑶主要鉱山と貨幣《かへい》鋳造《ちゅうぞう》による収入▲、⑷その他▲、に分類される。

これらの幕府財源は、質・量ともに諸藩を圧倒していたが、幕府財政は支出の面でも諸藩とは大きく異なる性格をもっていた。それは、幕府支出が、公共性の高い分野、あるいは国家的なまとまりを維持するための分野に多く使われたということである。たとえば、支出項目をみると、琉球《りゅうきゅう》国使《こくし》・朝鮮国通信《つうしん》使《し》などの外交、大砲鋳造・砲台築造などの軍事、朝廷関係、江戸城など諸官舎・諸役所の維持管理、寺社営繕、治水、開墾、道路・橋などの修復、救恤《きゅうじゅつ》、褒賞《ほうしょう》などの費目がみられる（『徳川理財会要《りざいかいよう》』）。吉宗は、「大きな政府」＝国家機能・公共機能を拡大するために、その財源となる幕府収入の増加をめざしたのである。

地域に集中し、また、飛驒《ひだ》（岐阜県）・伊那《いな》（長野県）・日田《ひた》（大分県）など豊かな山林地域も直轄領とするなど、幕府は諸藩に比べて安定的に年貢収入をえたのである。

▼直轄都市からの収入　江戸・大坂・京都の三都《さんと》や、堺《さかい》・長崎などの港湾都市、奈良・日光・山田《やまだ》などの宗教都市の商工業者からの冥加《みょうが》運上金《うんじょうきん》などであった。

▼主要鉱山と貨幣鋳造による収入　佐渡《さど》の金山《きんざん》（新潟県）、伊豆《いず》（静岡県）・石見《いわみ》（島根県）・生野《いくの》（兵庫県）の銀山《ぎんざん》、足尾《あしお》（栃木県）の銅山《どうざん》などを直轄し、金座《きんざ》・銀座《ぎんざ》・銅座《どうざ》を設けて貨幣鋳造を独占した。この貨幣鋳造や、繰り返し行った貨幣改鋳の際の出目《でめ》（益金《えききん》）も幕府の収入になった。

▼その他の収入　家康の遺産のほか、幕領・私領・寺社領の区別なく徴収した国役金《くにやくきん》、大名からの御手伝金《おてつだいきん》などである。

吉宗は、水野和泉守忠之《みずのいずみのかみただゆき》を農財政専管の勝手掛老中《かってがかりろうじゅう》に任命し、彼を中心に幕府財政の再建策を検討させた。水野は、吉宗の将軍就任に功績があった「援立《えんりつ》の臣」が消滅する一七二二(享保《きょうほう》七)年までに、吉宗が任命したただ一人の老中であった。水野は、家康の生母伝通院《でんづういん》(於大《おだい》の方《かた》)がでた譜代《ふだい》名門の出身で、才人としても知られ、近衛基熙《このえもとひろ》の日記にも、「只人《ただびと》にあらず、もっとも聡明《そうめい》、比類《ひるい》なし」と記されている。

一七二一、二二(享保六、七)年ごろ、吉宗は幕府財政の再建策を儒学者《じゅがくしゃ》の室《むろ》鳩巣《きゅうそう》に諮問した。鳩巣が、京・大坂など上方《かみがた》の富裕な商人から、低利で借金をしたらどうか、と述べたところ、吉宗は「自分はそのような一時しのぎを考えているのではない。抜本的な解決策を考えているのだ」と一蹴したという(『兼山秘策《けんざんひさく》』)。吉宗がめざしたのは、あくまでも農民を社会の基礎にすえ、そこからの年貢徴収によって国家を強化する方向であった。

さて、水野の答申は、⑴年貢増徴と⑵新田《しんでん》開発の二本柱であった。そして、この効果がでるまでの緊急措置として、一七二二年七月「上米《あげまい》の制」が実施された。この制度は、「御恥辱《おちじょく》をも顧《かえり》みられず、仰《い》せ出《だ》され候《そうろう》」(『御触書寛保集成《おふれがきかんぽうしゅうせい》』)と、吉宗がみずから苦しい幕府の財政事情を説明し、このままでは幕臣《ばくしん》数百人を解雇しなければならないと述べ、恥をしのんで諸大名《だいみょう》に毎年高一万石につき一〇〇石の割で献米させるというものであった。代償として、諸大名が参勤交代《さんきんこうたい》で江戸《えど》にいる期間を半年間に短縮することにした。上米の制により、諸大名から差しだされた米の総額は、年間一八万七〇〇〇石にのぼったが、これは幕府の年貢収入の約一三%、旗本《はたもと》・御家人《ごけにん》への給米の五〇%強にあたる量であった。

官僚システムの整備

上米の制で急場をしのぎつつ、吉宗は全国の幕領を支配する代官《だいかん》の綱紀粛正と、これを統括し、幕府農財政全般を担当する勘定所《かんじょうしょ》の整備・強化を進めた。それは、一七二一、二二(享保六、七)年の勘定所内部における公事方《くじかた》(金銭関係の訴訟)と勝手方(農財政担当)の職務分割に始まり、二三〜二八(同八〜十三)年の上方・関東方の二元的支配体制の一元化への再編へと展開された。この機構改革にともない、勘定所の役人も一七二三年の一三〇人から三二(同十八)年の一八六人へと大幅に増加した。

さらに吉宗は、一七二三年六月に「足高《たしだか》の制」を実施した。この制度は、役職ごとに基準高を定め、その役職に任命された者の家禄《かろく》（家の石高《こくだか》）が基準高に達しない場合、在職期間中に限って不足分を支給するというものであった。たとえば、家禄五〇〇石の旗本が基準高三〇〇〇石の町奉行《まちぶぎょう》に就任した場合、在任中に限り二五〇〇石の足高を受けるのである（一九二〇石で町奉行となった大岡忠《おおおかただ》相《すけ》は、したがって一〇八〇石の足高を受けている）。足高の制により、家禄の低い者でも在職中、任務をとどこおりなく遂行できるようになった。足高は家禄の加増とは異なり個人への支給であり、しかも支給が在職中に限られるため、幕府の負担のうえからは、大きな負担とならない制度であった。

足高の制と人材の登用について、京都町奉行所の与力《よりき》神沢杜口《かんざわとこう》▲は、著書『翁《おきな》草《ぐさ》』（一七九一〈寛政《かんせい》三〉年成立）において、次のように述べている。すなわち、勘定方の役職は能力を存分に発揮できるので、出世が早く、とくに足高の制以後、勘定奉行はそれまで五〇〇〇～六〇〇〇石の旗本がつとめていたが、基準高三〇〇〇石の役職となり、小身の者もつとめられるようになった。杉岡佐渡守能《すぎおかさどのかみよし》連《つれ》・細田丹波守時似《ほそだたんばのかみときよつ》らの享保期の勘定奉行たちは、みな身分の低い者が、その

おもな役職の禄高基準

役職名	石高
側衆・大番頭	5,000石
大目付・町奉行・勘定奉行	3,000石
作事奉行	2,000石
目付	1,000石
町奉行所与力	200石
町奉行所同心	30俵2人扶持《ぶち》*

＊年間に米30俵と2人分の米の消費量が支給される。石高に換算すると，約40石になる。

▼**神沢杜口**　一七一〇～九五。京都東町《ひがしまち》奉行所与力であったが病弱のため辞職し、著述生活に。杜口は彼の俳号の一部であり、名は貞幹。随筆『翁草』は、約一五〇年間の武功談や社会的記事を二〇〇巻にわたってつづっている。『日本随筆大成』第三期（吉川弘文館）に六分冊として所収。

能力によって出世したものであり、これによって、勘定→勘定組頭《くみがしら》→勘定吟《ぎん》味役《みやく》→勘定奉行という昇進コースが確立したという。

勘定所の責任者である勘定奉行は、江戸時代前期においては、中級の家格の旗本が、書院番《しょいんばん》や小姓組《こしょうぐみ》、あるいは大番役《おおばんやく》などから、使番《つかいばん》、徒頭《かちがしら》、目付《めつけ》、遠《おん》国《ごく》奉行、作事《さくじ》奉行などの職を経験して六〇歳くらいで就任していた。ところが、足高の制以降、勘定奉行の性格が大きく変わった。たとえば、一六六二(寛文《かんぶん》二)年から一七二九(享保十四)年までの六八年間に、三四人の勘定奉行が任ぜられたが、このうち、勘定方出身の勘定奉行はわずか二人であり、ほかはすべて番方《ばんかた》(武官《ぶかん》)の出身であった。これに対して、享保改革の後半になると、一二人の勘定奉行のうち、番方出身は五人にすぎず、ほかの七人は勘定方出身か財務関係の職の経験者となる。しかも、彼らの多くは、一〇〇〇石以下の小禄の者たちであった。足高の制は、勘定所機構を中心とする官僚制の確立に大きな役割を果たしたのである。

勘定所機構の改革のもとで、全国の代官も大きく変化した。すでに、五代将軍綱吉《つなよし》の時期、代官の性格は、世襲でつとめる中世的な在地密着型の土豪《どごう》代官から、近世的な実務型の官僚代官へと切りかえられつつあった。吉宗は、これを一気に推し進めたのである。

新井白石《あらいはくせき》の自叙伝『折《おり》たく柴《しば》の記《き》』によれば、幕領の年貢率は、享保改革直前の六代将軍のころには、三〇％を下回っていた。吉宗らは、この原因を代官以下の農政官僚が賄賂《わいろ》をとって年貢査定に手加減を加えたためと考え、一七二一年七月、すべての代官の勤務評定を行い、問題のある代官を大量処分した。その結果、代官の人数が不足し、幕領を隣接諸大名の預け地にするほどであった。その際、「其地の旧習はもちゆべからず」と、古い習慣を否定し、在地に通じた手代《てだい》や名主《なぬし》なども雇わず、勘定所の指示のもと一元的な支配・行政を行うことを命じている(『徳川実紀《じっき》』)。この時期、全国の代官は、世襲型から官僚型へと切りかえられ、農政官僚として、その上部機構である勘定所の統制をいちだんと強く受けるようになったのである。

代官の官僚化は、制度的には一七二五(享保十)年十月の「口米制《くちまいせい》の廃止」によって完成した。それまで、幕府代官所の経費は、年貢とともに徴収していた口米に頼っていたが、口米は凶作の年や米価が下落した年には減少するなど不安定なうえ、口米の取立てが年の暮れになることから、代官は構造的に借金することを余儀なくされた。そこで、幕府は口米をすべて上納させ、必要米金を支給することにした。幕府は、全代官を吟味し、支配石高や地域に応じて、支給基準を決めたのである(『日本財政経済史料』)。

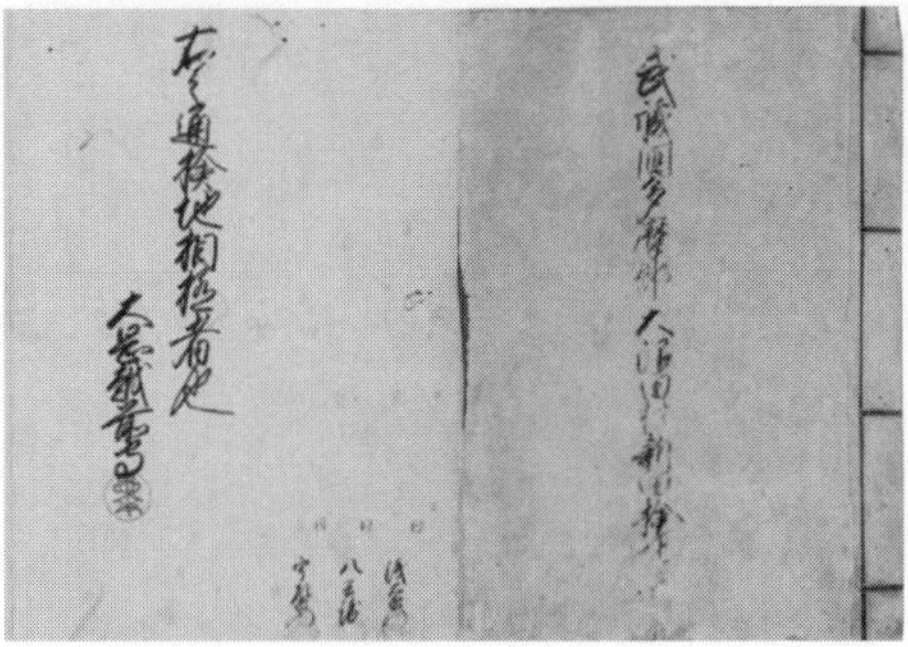

「武蔵国多摩郡大沼田村新田検地帳」 大岡忠相の署名と捺印が記されている。

年貢増徴政策の展開――老中水野忠之

官僚機構の整備を背景に、吉宗はさきの水野忠之の基本プランの二本柱を実施していった。

まず、(1)年貢増徴政策として税制改革を実施し、一七二二(享保七)年以後、各地の幕領で、従来の検見取法《けみどりほう》(年々の検見をもとにした年貢量の決定)から、定《じょう》免法《めんぽう》(年貢量の一定期間の固定化)へと切りかえ、役人の不正を防止し、年貢収入の安定化をはかった。この定免法は、定免の年季切れの際に年貢率を引き上げて増収を狙うものであった。年貢率も、一七二七(享保十二)年に幕領全般で四〇%から五〇%へと引き上げられた。一七二二年八月には、上方や西国《さいごく》において、年貢の三分の一を銀納する税法の「三分一銀納法《さぶいちぎんのうほう》」を廃止すると通達し、農

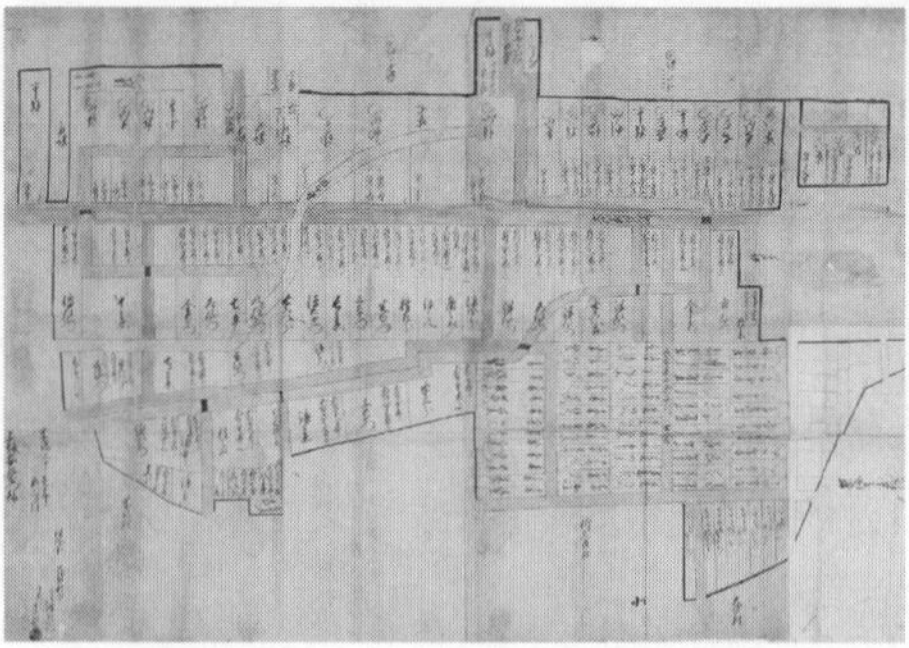

武蔵野新田の地割（『当麻家文書《たいまけもんじょ》』一七三六〈元文元〉年の大沼田《おおぬまた》新田地割絵図）

民の困窮を利用して換算率をせり上げるなど、さまざまな増税策を展開した。代官相互間でせり上げ率も競わせている。

(2)新田開発としては、一七二二年七月に江戸日本橋《にほんばし》に「新田開発奨励」の高札《こうさつ》を建て、町人請負を含めた開発促進の方針を示した。この結果、越後《えちご》の紫雲寺《しうんじ》潟《がた》新田（新潟県）、下総《しもうさ》の飯沼《いいぬま》新田（茨城県）、武蔵《むさし》の見沼《みぬま》新田（埼玉県）・武蔵野《むさしの》新田（東京都・埼玉県）などが開発された。この間、幕府は一七二六（享保十一）年に新田検地《けんち》条目《じょうもく》を発布し、開発の成果を年貢として吸収する制度を整えた。

勘定方関係の記録によると、年貢総額の平均は、一七一六〜二六（享保元〜十一）年の一四〇万石余に対し、二七〜三〇（同十二〜十五）年は一五六万石余と、年一六万石余も増加している。この増加は、先の(1)年貢増徴と(2)新田開発の成果によるものであった。

このほか、朝鮮人参などの輸入品の国産化政策にも力をいれた。吉宗のこうした努力の結果、財政は好転し、一七二八（享保十三）年には、四代将軍家綱《いえつな》が一六六三（寛文三）年に行って以来たえていた日光東照宮《にっこうとうしょうぐう》の参詣が、六五年ぶりに復活した。遅くとも一七三〇年ごろには、江戸城の奥金蔵《おくきんぞう》にあらたに一〇

○万両の金がたくわえられ、同年上米の制が廃止されるにいたったのである。

海外情報の収集――吉宗の関心

将軍吉宗は、鎖国《さこく》体制下において、海外情報の収集にもつとめた。一七二〇(享保五)年、吉宗は洋書の輸入禁止を緩和した。ここでの洋書とは、ヨーロッパの書籍そのものではなく、中国で漢文に翻訳したものである。

洋書の輸入禁止は、三代将軍家光《いえみつ》の時代に実施された。一六三〇(寛永《かんえい》七)年に中国船が長崎に運んできた書物のうち、キリスト教宣教師《せんきょうし》の手になる三二種の漢訳洋書を輸入禁止とし、以後、書籍の輸入は検閲《けんえつ》制となった。五代綱吉の時代には、この方針が徹底され、一言でもキリスト教に関する言葉があれば焼却、あるいは墨塗りのうえ差し戻し、時にはその船の商売すべてを禁止した。吉宗はこれを緩和し、キリスト教の噂《うわさ》程度の記事ならば輸入を許した。家光期の禁止本三二種のうち一二種、綱吉期以降禁止されたうちの七種が解禁された。享保末年には、オランダの文献を直接利用するために、青木昆陽《あおきこんよう》▲や野呂元丈《のろげんじょう》▲にオランダ語の習得を命じている。

▼**青木昆陽**　一六九八〜一七六九。江戸中期の儒学者・蘭学者《らんがくしゃ》。『蕃薯考《ばんしょこう》』を著わし、飢饉《ききん》対策として甘藷《かんしょ》栽培を奨励し、みずからも小石川《こいしかわ》薬園で栽培。また、吉宗の命を受けオランダ語を学び、海外の知識を移入した。大岡忠相のもと、書物方《しょもつかた》として関東を中心に古《こ》文書《もんじょ》の調査収集も行った。

▼**野呂元丈**　一六九三〜一七六一。伊勢《いせ》国紀州藩領出身の本草学《ほんぞうがく》者。名は実夫《じつふ》。見分使《けんぶんし》として全国各地で薬草を調査した。吉宗の命によりオランダ語を学び、西洋植物・薬物学の知識を修得。オランダの本草書の内容に関する質疑をもとに『阿蘭陀《おらんだ》本草和解《わげ》』を書き上げた。

江戸に到着した象(「かわら版」享保十四〈一七二九〉年)

▼**大岡清相**　一六七九～一七一七。長崎の沿革や貿易などの記録『崎陽郡談《きようぐんだん》』を編纂。新井白石が起草した長崎貿易の制限令である正《しょう》徳新令《とくしんれい》の立案者ともされる。

吉宗の海外情報への関心は、長崎出島《でじま》のオランダ商館の日誌(今村二〇〇七)に詳しい。たとえば、一七一七(享保二)年四月九日、将軍吉宗は商館長らの謁《えっ》見《けん》をおえたのち、長崎奉行の大岡備前守清相《びぜんのかみきよすけ》▲を通じて、⑴オランダでは鷹狩《たかがり》をするか、⑵オランダには美しく大きな馬がいるか、⑶鷹と馬をオランダから運べるか、⑷バタビアにも大きな馬がいるか、などの質問をした。商館長は、「私の回答はすべて大岡備前《(清相)》守様により書き留められ、好奇心の強い将軍に報告されるとのことであった」と記している。

四月十二日には、大通詞《だいつうじ》の中山喜左衛門《なかやまきざえもん》がヨンストン著『動物図説』を持参し、商館長の江戸宿泊所を訪れた。そして、吉宗の質問として、『動物図説』所収の動物の名前を日本語に訳せるかたずね、商館長は、動物の種類が多いので時間がかかると答えた。一七二七(享保十二)年十月二十八日には、吉宗の注文として、孔雀《くじゃく》・猟犬・駝鳥《だちょう》・望遠鏡・フラスコ、植物苗木三八種類、種子三一種類、七面鳥・小犬などが書き上げられている。吉宗の博物学的関心がうかがえる。

吉宗は地理にも関心をもっており、一七一八(享保三)年十二月二十九日、長崎奉行をとおして、オランダとバタビアの緯度をたずねている。一七三六(元《げん》文《ぶん》元)年には、北方《ほっぽう》に出現した帆船(「元文の黒船《くろふね》」といわれる)に関して、オランダ商館に調査を依頼し、ロシア船との回答をえている。吉宗はさっそく、(1)モスクワ公国(ロシア)は属国を含めどのくらいの大きさか、(2)バタビアとモスクワ公国は海路でどのくらいの距離か、(3)モスクワ公国と日本との距離・方角は、(4)モスクワ人はどこの国と交易しているか、(5)モスクワ人の体格・服装・言語・宗教は、などの質問をしている。

軍事・技術については、一七一八年正月十三日、大通詞の名村八左衛門《なむらはちざえもん》が商館長に、「江戸から将軍の御下問《ごかもん》の手紙がたくさん届いており、その内容は航海術、帆船、色々な国の衣裳について」であると話した。十二月二十九日、吉宗は長崎奉行を通じて、甲冑《かっちゅう》・ヘルメット・刀はどんな金属でできているか、オランダの帆船は星のない夜でも航行可能か、などをたずねている。

ヨーロッパの政治についても質問している。たとえば、一七二九(享保十四)年三月三十一日、吉宗は儒学者の深見久太夫《ふかみきゅうだゆう》▲をつかわして、(1)バタビアおよびオランダの州の統治について、(2)各州の大きさについて質問し、三一(同十六)年四月十五日には、本草学者の丹羽正伯貞機《にわせいはくていき》らをつかわして、(1)なぜ世界

▼**深見久太夫**　一六九一〜一七七三。諱《いみな》は有隣《ありちか》。吉宗のもと、荻《お》生《ぎゅう》惣七郎《そうしちろう》や成島道筑《なるしまどうちく》らとともに清《しん》の法律や制度を学ぶ。

各国は多くの船団を備えるのか、⑵オランダの七つの州はどのような人が統治するのか、宣戦布告は誰がするのか、⑶オランダが他国と戦争する場合、自国の軍隊を使うのか、などを質問している。

社会については、一七二九年三月三十一日、儒学者の深見を派遣し、⑴オランダ各州の男女はどの州の人とも結婚できるか、どこにも住めるのか、⑵耕作するのは百姓《ひゃくしょう》だけか、どのような作物をつくるか、などを質問し、また、バタビアとオランダの貨幣についてたずねている。

法律については、一七二九年三月三十一日に深見を通じて、⑴放火犯・殺人犯・泥棒・強盗犯はどのような刑罰に処せられるか、⑵両親・姉妹・兄弟などの命を奪った場合、いかなる刑罰に処せられるか、⑶国家反逆罪あるいはそれに相当する大罪にはどのような刑罰をあたえるか、などをたずねている。

馬術については、一七三〇(享保十五)年に調馬師が吉宗の前で西洋流馬術を披露し、宗教については、一七二九年三月三十一日に深見を通じて、⑴教会の司祭《しさい》たちは寄付金で暮すのか、⑵死後どこに埋葬されるのか、⑶どのように神を認識できるのか、などをたずねている。防火については、一七二一(享保六)

年三月三十一日に、通詞の中山喜左衛門らが訪れ、(1)オランダの家屋はどのように建てられるのか、(2)火事はどのように消すか、などをたずねている。

　生活については、一七二四(享保九)年三月二十日、上検使《じょうけんし》の渡辺軍蔵《わたなべぐんぞう》▲が商館長に対して、「将軍の命により、オランダカピタンがどのようなクッキーを食べるか知りたいので、見本を作り、各々にバターを添え、クッキーの名を記載し、早々に急で宮殿に運ぶように」と指示している。一七二七年三月二十五日、和算家の建部賢弘《たけべかたひろ》▲らが商館長を訪れ、三〇におよぶ質問をしている。それは、(1)日本のような提灯《ちょうちん》を使っているか、(2)魔法はどのように用いるか、(3)休日はなんというか、(4)一間に相当する寸法は、(5)オランダの家屋は日本とどのように異なるのか、(6)姓名は長年受け継ぎ、子孫へも受け継がれるのか、(7)領主があらたに家臣《かしん》をかかえた場合、領主は家臣の名前を変えることができるか、などをたずねた。そのほか、医薬品・天文学・絵画など、さまざまな海外情報もえている。

　これらは、人を介した吉宗の関心であるが、商館長に謁見した際には、直接関心を示した。一七一七年四月十二日の商館長日誌には次のように記されてい

▼**渡辺軍蔵**　生没年未詳。長崎に赴き、計量などについて記述された『分度余術《ぶんどよじゅつ》』を収穫。『長崎先《せん》民伝《みんでん》』の著者である長崎の文化人盧草拙《ろそうせつ》と書簡を交わし、その事柄が『測量秘言《そくりょうひげん》』という書物に残っている。自身も紅毛緯度日暦《こうもういどにちれき》(オランダにおける太陽赤緯表)を記録した。

▼**建部賢弘**　一六六四〜一七三九。幕臣・和算《わさん》家。関孝和《せきたかかず》に学び、弧の長さを求める弧背術《こはいじゅつ》に取り組み『円理《えんり》弧背術』を著わす。また、兄賢明《かたあきら》と『大成算経《だいせいさんきょう》』二〇巻を編む。吉宗に重用され、日本総絵図作成の責任者をつとめた。

る。

我々は将軍からかなり離れていたため、（老中）阿部《あべ》豊後守《ぶんごのかみ》正喬《まさたか》の指示で立ち上がり、将軍から六フィートのところ迄近づいた……するとオランダ語の歌が聞きたいとの命が下された……私はシモンズ（簿記役）を指名しオランダの歌を一曲披露させた。それが終わると次に踊るように命じられた……私は二人のオランダ人（簿記役と上外科）にマントを翻す滑稽な踊りを披露させた。それが終わると大岡備前守（清相）より両者に長い棒が与えられ、フエンシングの真似事を披露させられた。このような気紛れは私の意にはそぐわなかったが、将軍の望みである以上逆らえなかった……それが済むと日本の食事が用意され……我々は将軍の前で箸を使い食事をせねばならなかった。将軍は我々にオランダのやり方で自由に食事をするようにとの意向を伝えさせた……将軍は我々を饗応《きょうおう》している二人（阿部と加賀《かが》藩主前田綱《まえだつな》紀《のり》）にハアカマンス（と即座に名付けられた我々）に日本語で話し掛けるよう希望された。ご両人はやってみますと述べ、ハアカマンスにこの部屋は気に入ったかとか、年齢は何歳かとか、今まで幾度江戸へやって来たかとか、バタビアからオランダ、日本からバタビアはどの位の距離かなど色々質問し、ハアカマンスはできる限り答えた。その間何度も将軍が声を立てて笑われるのを我々は聞いた……日本語の問答も終わり、次に紙とペンが運ばれ、シモンズは我々全員の名前をそこに書き記さねばならず、実行後それは将軍の下に提出された。次に我々全員立ち上がり帽子を脱ぐと、奥から将軍がカピタンの背丈はどの位かとお尋ねになり、私は大声で約六ワーイエルスですと答えた。我々は再び座り食事の饗応を受け、通詞を通じ洋服の部分の名称を一々尋ねられ、それは書き留められた。詮索は中身まで及び、私は誰か裸にならなければならないかと恐れた。それ程日本人達の好奇心は旺盛だった。

　吉宗のオランダ人やオランダ文化、さらには海外文化に対する関心の高さがうかがえる。しかし、他方において吉宗の関心は、強力なナショナリズムに支えられたものであった。彼の言葉に、次のようなものがある。「なまじゐに学（問）文せしものには政事を委ねがたき事あるものなり、わきて長崎の奉行など、あしく心得れば、唐《とう》をのみ尊く思ひあやまる（誤）ことあり、すべて書を読人《よみびと》、おほく（多）

は唐を好み、やゝもすれば国体を失ふ事出来るものぞ」、「国産の薬物などひろくもとめさせ給ひ、異域の薬種をも、あまた培養せしめられしは、もし洋船通ぬことありとも、国人の病用に事かゝせじ」(『徳川実紀』)。すなわち、なまじ学問をする者たちに政治はまかせられない、とくに長崎奉行などは、中国だけを大切にするあやまちをおかす、おおよそ読書家は中国を好み「国体」を失うことになる、「国産」の薬種をさがして大量に栽培するのは、外国から船がこなくなっても、「国人」の病気に不足がないようにするためである。

吉宗は、世界のなかで日本の自立を考えていたのである。

⑤—尾張宗春との対決

『温知政要』と名古屋の繁栄

享保改革《きょうほうのかいかく》のなかばの一七三〇(享保十五)年、御三家《ごさんけ》筆頭の尾張藩《おわりはん》六一万九五〇〇石《こく》に異色の藩主が出現した。七代藩主の徳川宗春《むねはる》▲である。吉宗による増税と規制強化、国家政策・公共政策の拡大という「大きな政府」のもとで日本中が静まり返るなか、宗春は減税と規制緩和を中心とする「小さな政府」の立場からつぎつぎと新しい政策を打ち出した。この結果、城下町《じょうかまち》名古屋は経済が発展し、人びとが集まり、一城下町から江戸《えど》・大坂・京都の三都《さんと》につぐ大都市へと急成長したのである。

宗春は、一六九六(元禄《げんろく》九)年十月二十六日、尾張藩三代綱誠《つななり》の二十男に生まれた。部屋住みの生活が長く、一七二九(享保十四)年に三四歳でようやく陸奥《むつ》梁川《やながわ》(福島県伊達《だて》市)三万石の藩主《はんしゅ》になった。ただし、彼は領地にはいかず、江戸で藩政をとったといわれる。一七三〇年十一月に尾張藩六代継友《つぐとも》が三九歳でなくなると、本家に戻り七代藩主となり、翌三一(同十六)年正月、吉宗の

▼**徳川宗春**　一六九六〜一七六四。自由を好む気風で名古屋を大都市としたが、規律を重んじる吉宗との対立を引き起こした。藩士に対して所信を表明した著書『温知政要』は『名古屋叢書』『日本思想大系・近世政道論』に収録。

牛に乗り、長煙管《ながきせる》をくわえた徳川宗春(『享保尾事《びじ》』部分)

『温知政要』

▼**神尾春央**　一六八七～一七五三。家継の時代に勝手掛老中松平乗邑のもとで流作場《りゅうさくば》(河川敷)の検地《けんち》など、年貢増徴《ぞうちょう》を行った。これに対して、社会批判が高まり、将軍交代とともに乗邑と神尾は失脚。

「宗」の字をもらい宗春を名乗った。宗春も吉宗同様、尾張藩第二十子から藩主の座に就いたのである。

宗春は、藩主になると、みずからの政治理念や施政方針など二一カ条を一冊の本にまとめ、一七三一年三月中旬に脱稿し、『温知政要《おんちせいよう》』と題して、藩士《はんし》たちに配った。今日でいうマニフェストである。第八条では、法規制の緩和を宣言している。宗春は一七三二(享保十七)年の法度《はっと》でも、「国に法令多きは恥辱《ちじょく》の基《もと》」と、法令が多いことを恥とし、将軍吉宗の詰問に反論した際にも、「国に法度が少なければ罪人もなく、盗人の心配がなくなれば平和となる」と述べている(「享保尾州《びしゅう》上使留《じょうしどめ》」)。この時期、吉宗は、法制度と官僚機構の整備をもとに規制強化を打ち出していた。吉宗の部下の勘定奉行《かんじょうぶぎょう》神尾若狭守春央《かんおわかさのかみはるひで》▲は、「人ハ大切之ものなれ共、法ニハかえられぬ、法ハ人間よりも重ク、法の次ハ人、穀類抔《など》よりも人間は大切、その大切よりも法ハ重ク候」(岡山県玉野《たまの》市真鍋家文書《まなべけもんじょ》)と、徹底して法を重視する姿勢を示している。宗春の規制緩和の主張は、吉宗の改革政治に真っ向から対立するものであった。また第三条では、刑罰を科す際、いったんあやまると、どんなに悔いても取返しがつかないと、誤審を厳しく戒め、第十七条では人の命の尊さを述べている。こうした考えのもと、宗春は藩主在任中、ついに死刑を執行しなかったという。

さらに第九条では、倹約主義・緊縮政治が、かえって庶民を苦しめ、無駄が多くなると述べている。彼は、吉宗からの批判に対しても、藩主の浪費が、民間経済を刺激し庶民生活を活性化すると、消費の有効性を主張している。宗春は、第十二条においても、神社仏閣が破損したり、ところどころが衰微し難儀におよんだ場合には勧進能《かんじんのう》や相撲《すもう》などの興行を免許し、相応の茶店、餅や豆腐などの売店を許可すべきと、積極的な経済振興策を打ち出している。

そして第十八条では、数万人から一人を支配する者まで、上に立つ者は、下情に通じていなければならない。しかし、通じすぎて物の値段まで知るようになると、かえって下の苦しみになる、とあまりにも細部にわたる支配や統制を批判している。これも吉宗が浅草《あさくさ》の米《こめ》相場をいつも気にしていたことと対立する考えである。そのほか、第六条では画一化よりも個性を重視する考えもみられる。

『温知政要』は、たちまち評判となり、尾張藩領では、宗春を「世こぞって希

▼**中村平五**　生没年未詳。三近子。徳川宗春の『温知政要』を解説した。『温知政要輔翼』は『名古屋叢書1　文教編』におさめられている。

代の名君《めいくん》」（『元文世説雑録《げんぶんせせつざつろく》』）とたたえ、京都の儒学者中村平五《じゅがくしゃなかむらへいご》▲も、一七三一年十二月に『温知政要』のガイドブック『温知政要輔翼《ほよく》』を著わし、序文で「後代不易《こうだいふえき》の教書《きょうしょ》」（後世までかわらない教科書）と絶賛した。

吉宗の反撃

改革政治を批判された将軍吉宗は、まもなく反撃にでた。一七三二（享保十七）年五月二十五日、藩邸の宗春のもとに使者を派遣し、三カ条の詰問《きつもん》を突きつけた。内容は、⑴国元ならともかく、江戸でほしいままに物見遊山《ものみゆさん》をしたこと、⑵嫡子万五郎《まんごろう》の節句のとき、江戸屋敷でみだりに町人に見物させたこと、⑶倹約令を守らないこと、であった。使者はさらに、「天下の儀、公儀に相続きて候ては三家と申す儀」と、将軍家に続くものとして御三家（尾張・紀伊《きい》・水戸《みと》）を位置づけ、右の三カ条を、「御請《おう》け仰せ上げらるべく候」と、了承を求めたのである（「享保尾州上使留」）。

これに対して、宗春は陳謝しながらも、反論を展開した。それは、使者の言葉遣いの批判に始まった。まず御三家とは、将軍家・尾張・紀伊の三家をさすのであり、この考えは、権現《ごんげん》様(家康《いえやす》)が存命中に決めたと聞いている。したがって、同格の将軍吉宗からの使者は、「上使」ではなく「御使《おつかい》」、吉宗の言葉は「上意《じょうい》」ではなく「御意《ぎょい》」、さらに自分の答えは、「御請」ではなく「御返答」であると反論したのである。

この宗春の御三家理解は、けっして荒唐無稽《こうとうむけい》なものではなかった。たとえば、徳川家の女性の経歴をまとめた「柳営婦女伝《りゅうえいふじょでん》」(『徳川諸家系譜』)には、一六〇三(慶長《けいちょう》八)年の家康の言葉として、御三家を将軍家・尾張・紀伊とし、水戸は三家に準ずるという記述がみられる。また、『南紀《なんき》徳川史』所収の一六一五(元《げん》和《な》元)年の「公武法制」には、御三家は将軍家・尾張・紀伊とすること、将軍が悪政を行った場合、尾張と紀伊のうちから、これにかわって政治を行うことが記されている。さらに、随筆の『武野燭談《ぶやしょくだん》』▲にも、水戸の初代藩主の頼房《よりふさ》が、みずから水戸は御三家から除かれ、家門であることを述べた話がおさめられている。これらの史料には、事実関係において誤りもあるが、少なくとも、江戸時代に宗春と同じ御三家理解が存在していたことはまちがいない。

このような御三家論を背景に、宗春は三カ条の詰問に対して反論した。(1)自

▼**『武野燭談』**　慶長〜元禄・宝《ほう》永《えい》期の徳川将軍家をはじめとする逸話集。著者は幕臣《ばくしん》木村高敦《たかあつ》とされる。全三〇巻、一七〇九(宝永六)年成立。『江戸史料叢書』などにおさめられている。

分は江戸では慎んだふりをして、国元で庶民を顧みず、遊びにふけるような裏表のあることはしない。⑵節句祭りを町人にみせてはいけないという法令など聞いたことはない。権現様から拝領した旗を天下万民が拝して遺徳をあおぐことに問題はないはずである。⑶倹約とは、ほかの大名《だいみょう》のように重税を課して庶民を苦しめることではない。私は増税したり、藩札《はんさつ》（藩領のみに通用する藩が発行した紙幣）を発行して、庶民を苦しめることはしていない。聖賢《せいけん》（成人や賢人）がいう倹約とは、上に立つ者が倹約し、下の者は搾取されず、万民が安心することであり、他人に倹約を押しつけるのは、立派な君主《くんしゅ》がすることではない、と吉宗を厳しく批判した。そして、みずからの政治については、先代の借金をすましあらたに借金もない、町人にはあらたな役をかけず、農民には年貢《ねんぐ》を薄くかけている、藩札も発行せず、民とともに楽しんでいると自賛した。これは、吉宗の実家の紀州家が、吉宗の許可をえて藩札を発行したため、金銀の流通が混乱し、町人が苦しんでいることを皮肉るものであった。

この吉宗の詰問と宗春の反論によって、両者の対立は一気に表面化した。翌閏《うるう》五月、吉宗は『温知政要』の出版を予定していた京都の西堀川《にしほりかわ》の版元に対し

▼竹腰正武　一六八五〜一七五九。竹腰家五代当主。先祖は大原《おおはら》を称したが、竹腰に改め、成瀬《なるせ》家とともに代々付家老として政務を担う。とくに正武の評価は高く、吉通《よしみち》から宗睦《むねちか》まで六代の尾張藩主の治世を主導した。今尾《いまお》三万石領主。

『広本　遊女濃安都《ゆめのあと》(夢の跡)』

て、奉行所を通じて発売禁止とした。他方、宗春の開放政策は、城下の風紀の乱れや藩財政の悪化に結果した。前代継友時代の一七二八(享保十三)年の藩財政の収支が、米二万八〇〇〇石余と金一万三〇〇〇両の黒字であったのに対して、宗春の藩主就任後の三八(元文《げんぶん》三)年には米三万六〇〇〇石余と金七万四〇〇〇両余の膨大な赤字となった。宗春は、財政再建のために町人から借金し、一七三七(元文二)年六月には四〇〇〇両、十二月には一万両、翌三八年八月には一万五〇〇〇両と、つぎつぎと借上金《かしあげきん》を課した。一方、吉宗の幕府財政は、完全な赤字でスタートしながら、一七四二(寛保《かんぽう》二)年以降の一〇年間には米約七万五〇〇〇石と金約九六万両の黒字へと大きく回復した。

一七三六(元文元)年、尾張藩の付家老《つけがろう》の竹腰志摩守正武《たけのこししまのかみまさたけ》は▲、吉宗の側近や老《ろう》中《じゅう》の松平乗邑《まつだいらのりさと》らと密会を重ね、宗春失脚の計画を立てたといわれる。『徳川実紀』には、一七三八年に、松平乗邑が、藩の重臣たちに対して、宗春を諭すよう指示したことが記されている。一七三八年六月九日、尾張藩評定所《ひょうじょうしょ》は、藩の政治をすべて継友時代に戻すという触《ふれ》をだした(『夢《ゆめ》の跡《あと》』)。これは、宗春の江戸滞在中、了解をえないままだされたもので、いわば重臣たちによるクーデターであった。遊廓は禁止され、芝居小屋は大幅に縮小され、宗春は藩内の権力基盤を一気に失ったのである。

一七三九(元文四)年正月十二日、尾張家の重臣五人は江戸城に呼びだされ、老中列座のうえ、吉宗の意を受けた松平乗邑が、宗春の蟄居《ちっきょ》謹慎を申し渡した。不行跡《ふぎょうせき》が重なり、藩政が乱れ、士民が困窮したというのが理由であった。尾張家家老が、このようなことは家康の時代以来なかったことだとなげくと、宗春は「おわり《尾張》初もの」(終りが最初)と洒落《しゃれ》て、藩主の座をおりたという。宗春四四歳であった。吉宗(中央政府)への反乱は、わずか八年で失敗に終ったのである。

⑥—増税の強行

松平乗邑の増税路線

　徳川宗春《むねはる》との緊張が高まった一七三二(享保《きょうほう》十七)年ごろ、幕府《ばくふ》財政はふたたび悪化した。原因は、西国《さいごく》の飢饉《ききん》(享保の大飢饉)や、生産・流通過剰による米価の暴落などであった。吉宗は、これに対処するために、一七三七(元文《げんぶん》二)年六月、三〇(享保十五)年に水野忠之《みずのただゆき》が退任して以来空席となっていた勝手掛老《かってがかりろう》中《じゅう》に松平乗邑《まつだいらのりさと》を任命し、財政再建に取り組んだ。松平乗邑は、一七三七年から四五(延享《えんきょう》二)年までの享保改革最後の八年間、老中首座・勝手掛老中として改革政治を主導したが、彼のもとで諸政策を展開したのが、勘定《かんじょう》奉行神尾《かんお》若狭守春央《わかさのかみはるひで》以下の勘定所官僚群であった。

　神尾は、一七三七年六月に勘定奉行に就任し、勘定所や代官《だいかん》などの人事権や農財政に関するさまざまな権限を握り、「胡麻《ごま》の油と百姓《ひゃくしょう》は、絞れば絞るほど出るものなり」(本多利明《ほんだとしあき》▲『西域物語《さいいきものがたり》』)と語ったとされるほど、厳しい年貢《ねんぐ》増徴を行った。この神尾を補佐したのが、勘定組頭《くみがしら》の堀江荒四郎芳極《ほりえあらしろうただとう》▲であった。神尾

▼本多利明　一七四三〜一八二〇。経世家《けいせいか》。江戸で和算《わさん》・天文学《てんもんがく》を学び、諸国をめぐり地理や物産、蘭学《らんがく》の知識をえる。重商主義思想に基づき、西洋との交易による富《ふ》国《こく》策を主張。自身も航海術などを修得し、塾を開いた。蝦夷《えぞ》地開発にも強い関心をもつ。著書に『経世秘策《ひさく》』『交易論』など。

▼堀江芳極　?〜一七五九。松平乗邑体制のもと勘定奉行の神尾春央とくんで、関東と畿内《きない》で強引な増徴政策を推進。関東地方の河川敷(流作場)開発など大きな成果をあげたが、乗邑失脚時に処罰された。

や堀江の西国筋《さいごく》の増徴は厳しく、「東からかん（雁）の若狭が飛んできて、野をも山をも堀江荒しろ」という落首《らくしゅ》が書かれたほどである。また、堀江のもとには「新御代官」と呼ばれる八人の代官がいた。彼らは、勘定方出身者を中心に構成され、乗邑が勝手掛老中に就任する前後に関東各地に配置され、年貢増徴に邁進した。

彼ら乗邑体制が推進したのが、流作場《りゅうさくば》（河川敷）と原地《はらち》の新田検地《しんでんけんち》である。流作場検地は、従来入会地《いりあいち》で高《たか》をつけていない河川敷を開発し、年貢を賦課する政策であった。一方、原地検地は、あらたに山林・原野を「林畑《はやしばた》」として把握し、年貢を賦課する政策であった。これらの政策の背景には、大名《だいみょう》・旗本《はたもと》などに支配を認めているのは、厳密には検地によって高に結ばれた土地（高請地《たかうけち》）だけであり、それ以外の山林・原野などの「高外地《たかがいち》」は、幕府のものであるとする乗邑体制下の勘定所や代官の認識があった。彼らはこうした認識のもと、たとえ私領の地先で再生産に必要な肥料の供給源であっても、これを幕領《ばくりょう》新田ととらえ、年貢を賦課していった。こうした強引な新田政策の結果、幕府は一七三七年から四五年までの八年間に、面積二万三一〇〇町歩《ちょうぶ》余、石高《こくだか》二万一〇〇石

▼**伊奈氏**　関東を世襲支配した代官の家。三〇万石前後の幕領を支配し、新田開発や治水、鷹場《たかば》支配など行う。幕初《ばくしょ》以来強大な権限を有したが、享保改革で勢力をおさえられ、一七九二(寛政四)年に家中《かちゅう》騒動が原因で改易《かいえき》される。

余、地代金上納分二万七〇〇〇両をえたのである。

乗邑体制による新農政は、関東で強力に進められた。乗邑体制は、一七二二(享保七)年以降大岡忠相《おおおかただすけ》のもとで、独自の農政を展開していた地方巧者《じかたこうしゃ》の集団を吸収し、さらに近世初頭以来、関東で強大な権限をもっていた世襲代官伊奈《いな》氏▲の支配地を新代官支配へと切りかえるなど、勘定所による農政の一元化を進めた。松平乗邑に対する批判を集めた「松平左近将監風説集《さこんのしょうげんふうせつしゅう》」(国立公文書館《こうぶんしょかん》所蔵)によれば、新代官たちは、独自の支配を展開してきた伊奈氏の農政を「古法」「古来の法」「ぬるく候」と否定し、農民から全剰余を徴収する有毛検見取法《ありげけみどり》を導入するなど、あらたな農政へと転換した。武蔵国《むさしのくに》埼玉郡西方村《にしかた》(埼玉県越谷《こしがや》市)の農民の記録によれば、新代官たちは伊奈氏の伝統的な「家風」による農政を否定し、「際限もこれなき」と強引な年貢増徴を実施した。しかも、この政策は「当村計《ばか》りにもこれなく」「一国一郡一統に御取箇情々御取増に相成《おとりかせいせいおとりましあいなり》」(『越谷市史』)と、一国規模で展開されたものであった。これら乗邑体制の強力な増税政策によって、一七四四(延享元)年、ついに幕府は享保改革期における年貢収納量のピークを記録したのである。

大岡忠相

以上、吉宗は、みずからの主導権を確立しつつ、幕府財政を再建することによって、幕府権力(中央権力)を強化し、国家機能・公共機能を拡大したのである。

大岡忠相への信頼

享保改革のほぼ全時期を通じて、吉宗を支え続けたのが、大岡越前守《えちぜんのかみ》忠相《ただすけ》であった。大岡は、一六七七(延宝《えんぽう》五)年生まれ、一七一七(享保二)年に江戸の町奉行(四一歳)、二二(同七)年に地方御用《じかたごよう》(農政担当。四六歳)、三六(元文《げんぶん》元)年に寺社奉行(六〇歳)に就任する一方、評定所《ひょうじょうしょ》一座として政策の立案や、裁判にもかかわった。吉宗が、大岡を町奉行に抜擢したことは広く知られるが、大岡は寺社奉行就任後も、吉宗の厚い信頼をえていた。たとえば、『大岡越前守忠相日記』元文二(一七三七)年九月十九日条によれば、当時寺社奉行は、大岡のほかに、松平紀伊守《きいのかみ》信岑《のぶみね》▲・牧野《まきの》越中守《えっちゅうのかみ》貞通《さだみち》▲・井上《いのうえ》河内守《かわちのかみ》正之《まさゆき》の三人がいたが、井上が病死したため、大岡らは御側御用取次《おそばごようとりつぎ》の加納《かのう》久通《ひさみち》▲に対して、後任について将軍吉宗に上申《じょうしん》することを願った。すると加納は、すでに井上が重病になっ

▼**松平信岑**　一六九六～一七六三。一七三五(享保二十)年から三九(元文四)年まで寺社奉行、丹波《たんばの》国《くに》篠山《ささやま》五万石藩主《はんしゅ》であったが、その後四八(寛延《かんえん》元)年に丹波国亀山《かめやま》五万石藩主となり、六三(宝暦十三)年亀山において死す。

▼**牧野貞通**　一七〇七～四九。寺社奉行として初代御定書掛《おさだめがきがかり》として町・勘定奉行とともに『公事《くじ》方《かた》御定書』の草案を作成し、清書作成にもかかわり、一七四二(寛

た際に、後任について吉宗に上申したところ、「寺社方の義は越前罷《まか》り在り候《そうら》えば能《よ》く候、左《さ》候えば跡役《あとやく》仰せ付けられるに及ばず候」と、吉宗は寺社奉行は忠相がいればよく、後任は不要であると答えたという。十月七日にも、大岡らは後任を願ったが、このときも吉宗は、「先日も御申し候通《とおり》、寺社方之義はそこ元《もと》御《お》勤《つとめ》候えば能く候の由御意《よしぎょい》にて候」と、先日同様、大岡がいればよいというものであった。一七三七年十二月五日、御側の小笠原政登《おがさわらまさなり》▲は、牛込穴八幡《うしごめあなはちまん》（東京都新宿区《しんじゅく》）の楼門《ろうもん》修復の際、屋根瓦《かわら》を葺《ふ》き銅《どう》にする費用について大岡に相談した。この際小笠原は、吉宗が「この段越前存じ候義も有るべきの間、相尋《あいたずね》候様に御意に候旨」（以上、『大岡越前守忠相日記』）と、忠相の意見を聞くように指示したことを述べている。

　これらにより、吉宗が寺社奉行期の大岡を厚く信頼していたことが知られるのである。

公文書システムの整備

　吉宗は、官僚機構を基礎から支える公文書システムも整備した。一七二三

保二）年に完成。三方所替《さんぽうところがえ》により、日向《ひゅうが》から常陸《ひたち》へと移っている。

▼**加納久通**　一六七三〜一七四八。吉宗の紀州《きしゅう》藩主時代から仕え、将軍就任にともない御側御用《おそばごよう》取次《とりつぎ》に任命される。吉宗の意をくみ政治にかかわりながらも、慎み深い性格で、周囲からの信頼は厚かった。吉宗の将軍引退後は若年《わかどし》寄《より》となり、終生、吉宗に仕えた。

▼**小笠原政登**　?〜一七六九。医家に生まれる。吉宗に従い、紀州藩士から幕府旗本となり側近をつとめる。本草学者阿部照任《あべてるとう》に諮問を行う。著書『吉宗公《こう》御一代記』には、中風《ちゅうふう》にかかった吉宗が医師団の治療を受けるようすの記述がある。

（享保八）年八月、勘定奉行は勘定組頭に対して、勘定所の書類（公文書）について、近年の公文書を分類し目録化すること、また多聞《たもん》（江戸城の周囲の石垣上の建物）に保管されている分も同様に調査・目録化することを指示した。この指示は同年に始まる勘定所機構の改編にともない、勝手掛老中の水野忠之から申し渡されたものであり、文書に混乱がないようにし、日頃「見合《みあわせ》」（参考《レファレンス》）として利用する文書（現用文書）は、よく整理しておくことも示されている。勘定所機構の改編を機に、公文書システムが整備されたのである。

　享保改革から七〇年ほどたった寛政《かんせい》改革の際に、勘定所の役人をつとめた大《おお》田南畝《たなんぽ》▲が著わした『竹橋余筆《ちっきょうよひつ》』によれば、幕府は一七二〇（享保五）年から公文書の所在調査・概要調査を行い、江戸城《えどじょう》大手の多聞・土蔵・座敷に保管されていた公文書の量を、長持・小箱など入れものごとに書き上げた。一七二二、二三（享保七、八）年ごろ、公文書目録が完成し、文書総数九万四二〇〇冊余が分類された。目録には、郷帳《ごうちょう》、年貢、普請《ふしん》、地方勘定、上知《あげち》、知行割《ちぎょうわり》、島勘定、禁裏《きんり》勘定、木材、金銀山勘定、長崎金銀勘定、検地帳《けんちちょう》、反別帳《たんべつ》、人別帳《にんべつ》、諸証文、高札写《こうさつうつし》、国絵図《くにえず》などの史料名がならび、まさに国家運営のための公文

▼**大田南畝**　一七四九〜一八二三。幕臣。漢学者。文筆に優れ、狂詩《きょうし》・狂歌《きょうか》をつくり、黄表紙《きびょうし》や洒落本《しゃれぼん》・評論を執筆。その後政治批判著述の嫌疑をかけられたことから執筆をやめ学問に励む。官吏としても有能であり、幕府の財政関係文書を整理し、『竹橋余筆』など史料集を編集した。

書群が一覧できる。

一七四五(延享二)年九月、勘定所の職務内容を定めた達《たっし》には、公文書を管理し調査する勘定所部局の調方《しらべかた》の職務内容において、享保改革以前は、勘定方関係の諸帳面や諸書類が混雑し、「旧例見合《きゅうれいみあわせ》」に手間がかかったが、一七二三年の公文書整理以後は、年別・類別・郡別に整理され、不都合がなくなったと記されている。享保改革期、勘定所は公文書整理を行い、これをもとに公文書システムが整い、効果をあげるにいたったのである。

公文書システムは、各地の代官所にもおよんだ。一七三六(元文元)年四月、幕府は全国の代官に対して、いささかのことも文書を作成することを指示したが、慣れない代官たちは「古来の習風」(習慣)にとらわれて十分対応できていないとし、今後、勘定奉行が厳しく監督すると述べている。代官が官僚として修得すべきは、公文書の作成技術であったのである。

吉宗の公文書政策の背景には、ブレーン荻生徂徠《おぎゅうそらい》▲の思想があった。徂徠は、一七二二年に著わした吉宗への献策書『政談《せいだん》』において、幕府のすべての職務に、頭役《かしらやく》・添《そえ》役・下《しも》役・留《とめ》役の四段階の職階を設けるべきとし、職務内容の軽重

▼**荻生徂徠**　一六六六〜一七二八。儒者《じゅしゃ》。柳沢吉保《やなぎさわよしやす》に仕え、五〇〇石をあたえられる。朱子学《しゅしがく》を批判し、古文辞学《こぶんじがく》の祖として有名。「論語《ろんご》」などの原典を至上とする古《こ》義学《ぎがく》に対抗し、蘐園学派《けんえんがくは》を興こした。吉宗に登用されて改革の政治顧問をつとめる。主著に『政談《せいだん》』『論語徴《ちょう》』。

荻生徂徠

によっては添役や下役を省き、頭役は派閥ができることを防ぐために一人がよいとしている。添役(一、二人)は頭役の相談役とし、下役(二〜六人)は職務を専門化させるよう提案している。注目すべきは、職務を帳面に記す留役である。これは軽い役としながらも、けっして省かない。徂徠は書記官(記録)の重要性を認識していたのである。

また、徂徠はすべての職に留帳《とめちょう》(公文書)がないのは、よくないとしている。たいていの役人は先例や先格を覚えているが、覚え違いもある。当時、役職に長くいる者には、内々で留帳(手控え)をつくる者もいるが、それは自分用であり、秘密にして同役にもみせず、みずからの手柄のために使っている。あらたに同役が任命されても、少しずつ教え、いつまでも自分の下におこうとする。このため、器量のある者が自立してつとめることもできない。もし留帳が整備されたならば、任命された翌日から一人で仕事ができる。留帳がない場合は、先格・先例を応用することもできない。役人が仕事に不案内なのは、留帳がないためである、と述べている。さらに、徂徠は公文書の文字についても、留帳や日記などの職務記録は、能率よく使うために、読みにくい仮名よりも、明確かつ簡潔な漢字の文章に統一したほうがよいと主張している。

以上のように、徂徠は、官僚制と公文書の関係を重視し、公文書システムの構築を提唱したのである。享保改革は、官僚制を基礎づける公文書システムを確立した点においても重要な意義をもつものであった。

吉宗のアーカイブズ政策

吉宗は、公文書以外にも、アーカイブズ（記録・公文書・古文書《こもんじょ》、およびこれらの保管所・文書館）に関する政策を展開した。

吉宗はまず、江戸城内の幕府図書館《ライブラリー》である紅葉山《もみじやま》文庫の充実をはかった。一七二二（享保七）年正月、幕府は、『新国史』『本朝世紀《ほんちょうせいき》』『風土記《ふどき》』など、紅葉山文庫の欠本のうち主要な書名を書きだし、大名から農民・町人にいたるまで、これを所持する者は差しだすよう命じている。この結果、多くの書籍が集まったが、偽書や重複があったことから、林大学頭信篤《はやしだいがくのかみのぶあつ》父子に鑑定・整理させた。しかし、鑑定に誤りがあったため、京都から国学者《こくがくしゃ》の荷田春満《かだのあずままろ》▲を招き、これにあたらせた。

▼**荷田春満**　一六六九〜一七三六。伏見稲荷《ふしみいなり》神社の祠官《しかん》の家に生まれる。文献学的方法を用いた研究や復古《ふっこ》意識に基づく思想を提唱し、儒学とは異なる日本の「道」を主張した。赤穂《あこう》浪士の吉良《きら》邸討入りに助力したとも伝えられる。和書鑑定など幕府に仕えて以後、荷田の存在は大きくなり、国学四大《しう》人《し》の一人とされる。

青木昆陽

一七二九(享保十四)年には、全国の寺院に対して、古くから伝来する仏教書や唐本などで稀覯本《きこうぼん》があれば大切に保存し、汚損しないように補修すること、それらの目録を幕府に差しだすことを命じた。一七四五(延享二)年には、諸家所蔵の記録や日記の目録も提出させている。

吉宗はまた、古文書の調査や蒐集《しゅうしゅう》も行った。一七三六(元文元)年には、戦国大名の今川《いまがわ》・北条《ほうじょう》・武田《たけだ》諸家が作成した古文書を集めて写しをつくり、四〇(元文五)年から四二(寛保《かんぽう》二)年にかけては、青木昆陽《あおきこんよう》を甲斐《かい》・信濃《しなの》・武蔵・相模《さがみ》・伊豆・遠江《とおとうみ》・三河《みかわ》の徳川氏旧領に派遣し、幕領・私領・寺社領の違いなく古文書を蒐集させている。このときの蒐集方法は、集まった古文書を採用と不採用に分け、採用分は江戸に送って影写し、原本は所蔵者に返すというものであった。影写は精密で、印章なども正確であった。このとき集められた古文書は「諸州古文書」としてまとめられた。なお、昆陽は、返却時に所蔵者に対して、大切に保存すべきことを諭している。こうした指示は、古文書の重要性を民間社会に認識させる契機にもなった。

吉宗のアーカイブズ政策の影響もあり、享保期以降、村の歴史・地域の歴史をまとめた「旧記《きゅうき》」が広く成立するようになった。たとえば、一七六三(宝暦《ほうれき》十三)年成立の武蔵国多摩《たま》郡落合《おちあい》村(東京都多摩市)の「当村記録帳」には、落合の歴史について、老人が語り伝えてきたことは、証拠のないことと退けたうえで、村内の五兵衛《ごへえ》が所蔵する一五七二(元亀《げんき》三)年の「旧記」(水帳《みずちょう》)により自家の先祖が代々村役人をつとめていたこと、また一六六五(寛文《かんぶん》五)年の水帳により、このころまでにほかの村役人があらわれたことを確認している。そして、これらをもとに「当村記録帳」を作成し、往古のことは証拠がないこととしたうえで、この帳面を大切にするよう指示している。

古文書をもとにした歴史意識や地域認識が形成される一方、これらを保証する古文書を重視し保存することの重要性が述べられている。享保改革を境に、政治社会のみならず、民間社会・地域社会でも、「記憶」(語り伝え)から「記録」へという意識や制度の変化がみられ、文書に基づく近代的・合理的な歴史意識や地域認識が形成されたのである。

徳川家重

⑦―引退後の生活

吉宗と大岡忠相

改革政治への不満や批判が増大するなか、松平乗邑《まつだいらのりさと》が失脚する三カ月前の一七四五（延享《えんきょう》二）年七月七日、将軍吉宗は松平乗邑を通じて大名《だいみょう》たちに、「右《う》大将《だいしょう》（長男家重《いえしげ》）も成長したので、近々隠退し将軍職を譲る」（『大岡越前守忠相《おおおかえちぜんのかみただすけ》日記』）との内意を伝えた。吉宗六二歳であった。

吉宗は、その後九月一日、隠退を公表し、九月十七日には、長年、ともに享《きょう》保改革《ほうのかいかく》を主導してきた大岡忠相《ただすけ》を御座《ござ》の間《ま》に呼びだし、「数十年政務を担当してきたが、ここ数年はとどこおりなくつとめられ、譲位は本望でありうれしい、本日は最後の東照宮《とうしょうぐう》社参と思っていたが、天気もよく満足である」と述べた。大岡がお祝いを述べたところ、吉宗は「代替わり（政権交代）の際には下々《しもじも》がいろいろなことをいい、奉行所《ぶぎょうしょ》でも変化が起きる、老中《ろうじゅう》も同様である。取次の者たちも最初は慣れないので誤りをおかすのではないか」などと心配を語った。そのうえで、「寺社奉行・町《まち》奉行・勘定《かんじょう》奉行の三奉行のうち、寺社奉行は表向き(儀式)のことを担当するので、より気をつけてつとめるように」と指示した。代替わりにともなう社会不安に対する危機管理《リスク・マネジメント》の意識を換起したといえる。

これに対して大岡は、たしかにこれまでは代替わりには、吉宗が心配するようなことが起こったが、このところ政治は万端よくなっており、代替わりしても変わることはない、今後も吉宗にうかがったうえで取りはからうことを述べ、寺社奉行の面々も吉宗のいうとおり申しあわせてつとめる、と答えた。

すると吉宗は、「以前本丸《ほんまる》にいたころ西《にし》の丸《まる》にはいると、諸大名に見覚えもあり近づく者もいた。しかし、最近は見覚えのある者は少なく、多くは名前も知らない。今後、家重の時代に、役に立つのは誰か」とたずねたので、大岡は四、五人の名をあげた。吉宗が水野《みずの》日向守《ひゅうがのかみ》(勝庸《かつのぶ》)について質問したので、「しとやかな人物でどの役職についてもつとめられる」と答えた。また、吉宗は大岡が寺社奉行をつとめていたことから、日光門主《にっこうもんしゅ》の待遇や、芝増上寺《しばぞうじょうじ》方丈《ほうじょう》(住職)、上野寛永寺《うえのかんえいじ》や増上寺の諸寺院のようすをたずねたので、大岡はそれぞれに答えた。さらに凌雲院《りょううんいん》▲についてもたずねたので、「学問はできるが世事《せじ》にうとい、しかし隠居してなくなった貞松院《ていしょういん》(長野県諏訪《すわ》市の徳川将軍家の菩提寺か)

▼**凌雲院**　寛永寺子院《しいん》(塔頭《たっちゅう》)の筆頭。現在の西洋美術館構内にあった。住職は学頭《がくとう》といわれ、輪王《りんのう》寺宮《じのみや》の学問の師をつとめた。

ほどではない」などと答えた。

さらに『大岡越前守忠相日記』によれば、大岡は、以前、吉宗から指示された書付《かきつけ》の帳面を提出し、目録として利用すべきと述べた。吉宗は、これを御定《おさだめ》書《がき》にそえて備えておけば裁判も早くなる、御定書だけではむずかしいので、例書を作成するよう命じた、と述べた。そのほか、さまざまな話があり、大岡は御礼をいって御前《ごぜん》を去った。

吉宗は、隠退にあたり腹心の大岡と種々相談をしたのである。大岡は六九歳であった。

田安家と一橋家の創設

吉宗には四人の男子がいた。長男は家重、二男は宗武《むねたけ》、三男は早世しており、四男は宗尹《むねただ》である。宗武は、一七三一(享保十六)年正月に、江戸城田安門《たやすもん》内に邸宅をあたえられたことから田安を名乗り、宗尹は、四〇(元文《げんぶん》五)年十一月に一橋門《ひとつばしもん》内に屋敷をあたえられ一橋を名乗った。この田安家と一橋家は、ともに将軍家の家族として遇せられ、「徳川」を称することを許されたが、独立した藩はつくらず、幕臣《ばくしん》が出向して家政にあたった。

徳川家には、すでに分家として御三家《ごさんけ》があったが、将軍が九代目ともなると、本家《ほんけ》とのあいだは疎遠になっていた。吉宗の将軍就任に際しては、尾張《おわり》家との確執もあった。より身近な分家で将軍家を守ろうという吉宗の思惑が、これら分家の創出になったといわれる。田安・一橋両家には、一七四六〈延享三〉年に、それぞれ一〇万石《ごく》があたえられた。

このの ち吉宗の死後、九代将軍家重が、一七五九〈宝暦《ほうれき》九〉年十二月に、二男重好《しげよし》に江戸城清水《しみず》門内に屋敷をあたえ、清水家を立てさせたため〈家重の長男家《いえ》治《はる》は十代将軍になる〉、これら三家をあわせて、御三卿《ごさんきょう》と呼ぶ。御三卿の名称は、三家の当主が八省《はっしょう》の長官である「卿」に任ぜられることからといわれる。

九代家重と宗武擁立説

一七四五〈延享二〉年九月二十五日、吉宗は西の丸に移った。同日、吉宗にかわって長男家重〈三五歳〉が本丸にはいり、事実上の政権交代が行われた。吉宗は、この日から「大御所《おおごしょ》」と呼ばれることになった。それまで大御所と呼ばれたのは、初代家康《いえやす》と二代秀忠《ひでただ》であり、以後は十一代家斉《いえなり》である。おそらく吉宗は、家康・秀忠同様、余力のあるうちに隠退し、家重政権を補佐するつもりであったと思われる。しかし、新将軍家重は、父吉宗と異なり、病弱なうえ文武を好まず、酒色遊芸にふける人物であった。言語も側用人《そばようにん》の大岡忠光《ただみつ》▲にしかわからなかったという。

　この政権交代の日のようすを、『大岡越前守忠相日記』は、次のように記している。すなわち、この日は朝からくもり、大岡は朝八時前に熨斗目《のしめ》(裃《かみしも》の下に着る礼服)、半袴《はんばかま》(くるぶしまでの長さの袴)で登城。午前十時ごろ、新将軍家重に一同お目見《めみ》えし、新将軍から挨拶があったが、遠くてよく聞こえなかった。こののち、同じ席で吉宗の挨拶があったが、この声はよく聞こえた、とある。新将軍の家重は、父吉宗にとっても、大岡にとっても、やはり気がかりな後継者であった。

　このの後十月九日の松平乗邑の罷免《ひめん》を挟んで、十一月二日に将軍宣下《せんげ》が行われ、家重は正式に九代将軍となったのである。

　ところが、乗邑罷免について、世間では、彼の強引な政治とは別に、将軍の

▼**大岡忠光**　一七〇九～六〇。家重の側用人であり、彼の不明瞭な言語を理解できた唯一の存在。そのため将軍の日常生活の場所の近くに部屋をあたえられた。のち、武蔵《むさし》国岩槻《いわつき》二万石の藩主《はんしゅ》となった。

代替わりにかかわる風聞が流れた。それは、乗邑が吉宗の長子家重を廃し、文武に優れた二男の田安宗武（三一歳）を擁立しようとした、というものであった。宗武については、『徳川実紀《じっき》』に、幼少のころより賢かったため、吉宗もとくにかわいがり、特別に文武の道を教えたことが記されている。

八代吉宗、九代家重、十代家治の三代のころの出来事や風聞を集めた『続三《ぞくさん》王外記《のうがいき》』には、乗邑は、吉宗が家重の将軍としての資質を心配していることを察して、宗武を擁立しようとしたが、吉宗は長子相続という徳川家の祖法《そほう》を変えることはできず、新将軍の就任とともに乗邑を切らざるをえなかった、という話が載せられている。また、『落合郷八覚書《おちあいごうはちおぼえがき》』には、家重の能力を不安に思った乗邑が、みずからの実権を維持するために、将軍代替わりの朝廷への奏聞《そうもん》書上呈《しょじょうてい》に際して、独断で高家《こうけ》の長沢資親《ながさわすけちか》▲に工作したことが記されている。事実のほどは不明であるが、有力者の突然の解任であっただけに、さまざまな憶測を呼んだのであろう。

当時、増税や規制強化を軸とする改革政治に対する社会の批判は高まっていた。吉宗はみずからの隠退と実力者乗邑の罷免により、これをかわしたのであ

▼**長沢資親**　?～一七五〇。外《と》山《やま》大納言光顕《みつあき》の二男、長沢家始祖。綱吉に仕え一七〇九（宝永六）年高家となる。一七二八（享保十三）年吉宗の日光社参の際には御先供奉《おさきぐぶ》をつとめる。禁裏《きんり》から二度にわたり太刀《たち》をいただき、紅葉山《もみじやま》で法華《ほっけ》八講《はっこう》を執り行った。

った。乗邑は失意のうちに、翌一七四六(延享三)年四月に六一歳で没している。

大御所吉宗の意欲

大御所吉宗は、隠退後は江戸城西の丸にあって新将軍家重を補佐しようとしたが、健康を害したり、一七四八(寛延《かんえん》元)年八月に有力な側近加納久通《かのうひさみち》が七六歳で没したことなどから、しだいに政治向きから遠ざかっていった。

『大岡越前守忠相日記』には、一七五一(宝暦元)年二月二十二日、側近が大御所吉宗のようすについて、以前のように用向きがなくなり、淋しそうであるが、吉宗自身は「たとえ隠退しても、まったくの楽をしようとしているのではなく、種々相談にのるつもりである」と記されている。吉宗の政治への執念は、衰えていなかったようである。

しかし、『徳川実紀』によれば、このころ吉宗はすでに中風《ちゅうふう》(半身不随)となり、一七四九(寛延二)年夏のころから尿の通りも悪くなっていた。吉宗といえども、病には勝てず、実際に政治にかかわることは、むずかしくなっていたようである。

吉宗の側近をつとめた小笠原政登《おがさわらまさなり》の著『吉宗公《こう》御一代記』によれば、吉宗は半身不随のために、医師団が御さすり(按摩《あんま》)や鍼《はり》治療を行い、薬を煎じる一方、小姓《こしょう》たちが身の回りの世話をした。吉宗への情報も管理され、一七五一年に田安宗武が、兄の将軍家重の不興を買って謹慎させられた一件も知らされなかった(氏家二〇〇一)。

こうしたなかで、大御所吉宗が最後に意欲を燃やしたのが、暦《こよみ》の改定であった。土地(空間)の支配とならんで、国家統治者の権限ともいえる時間の支配を改めて確実なものにしようとしたのである。

改暦の準備が整い、幕府天文方《ばくふてんもんかた》の西川正休《にしかわまさやす》▲と渋川則休《しぶかわのりよし》▲が京都にのぼり、朝廷《ちょうてい》で暦を担当していた土御門三位泰国《つちみかどさんみやすくに》▲に相談したところ、泰国は「これは容易ならざることなので、京都で十分に実験した結果をみないと認められない」と述べたため、幕府は京都の梅小路《うめこうじ》(京都市下京《しもぎょう》区)に測量所を設け、費用として毎年金一二〇〇両と米九〇〇俵を支出することにした。

その後、一七四七(延享四)年五月二日に、桜町《さくらまち》天皇が桃園天皇に譲位したことから改暦が急がれ、江戸の神田佐久間町《かんださくまちょう》(千代田《ちよだ》区)の新天文台でも観測が開

▼**西川正休**　一六九三〜一七五六。長崎の文化人西川如見《じょけん》の子。天文家。天文方として吉宗に仕える一方、暦学にも通じた。西洋天文学を日本に広めることに貢献。

▼**渋川則休**　一七一七〜五〇。幕府天文方の家系に生まれる。祖先は貞享暦《じょうきょうれき》を作成した渋川春海《はるみ》であり、則休の時代にも改暦目的で神田に公設測量所が設置された。西川正休とともに観測を行い、朝廷との改暦交渉を計画したが、桜町上皇《じょうこう》の崩御《ほうぎょ》のために延期に。

▼**土御門泰国**　一七一一〜八四。泰邦。天文暦道家《れきどうか》・陰陽頭《おんみょうのかみ》。吉宗らと改暦作業に取り組むが、貞享改暦時に家業の改暦業が幕府天文方に移ったことへの怨《うら》みもあり、将軍没後に改暦の主導権を握り宝暦改暦を行った。安倍晴明《あべのせいめい》の末裔。

『**大岡越前守忠相日記**』(自筆本。寛延四〈一七五一〉年六月十九日条) 大御所様の「御不例」(危篤)と記されている(左から三行目)。

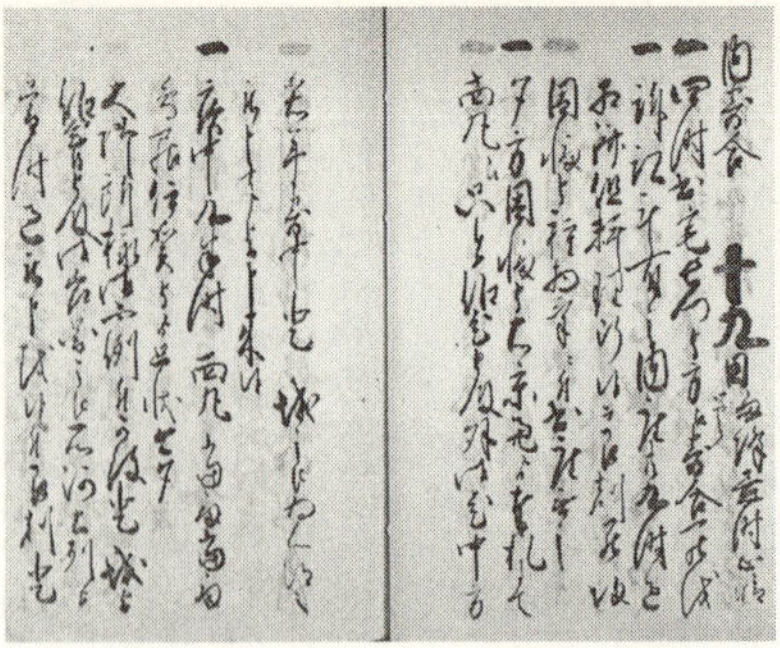

▼**酒井忠寄** 一七〇四～八六。出羽国庄内藩《でわのくにしょうない》一四万石藩主、左衛門尉。一七四九(寛延二)年老中に就任。堀田正亮《まさすけ》・松平武元とともに、九代将軍家重を補佐する。

始された。翌年あらたな暦が発布されることになったが、吉宗の病が重くなったため、ついに改暦は中止となったのである。

のち一七五一(宝暦元)年に吉宗が没すると、改めて朝廷の主導権で改暦の作業が進められ、五四(同四)年十月十九日に採用が決定され、翌五五(同五)年に宝暦暦として発布された。正確な暦を庶民にあたえたいという吉宗の遺志は、朝廷による宝暦の改暦として結実したのである。

吉宗の最期

先述のように、吉宗は一七四九(寛延二)年ごろには、かなり体調をくずしていた。田安宗武の侍医《じい》の吉田元卓《よしだげんたく》の治療により一時回復したが、一七五一(宝暦元)年五月にふたたび悪化した。同月末、病状はさらに悪化し、六月十九日には危篤に陥り、翌二十日ついにこの世を去った。六八歳であった。

『大岡越前守忠相日記』によれば、大岡忠相は十九日夜に吉宗の危篤を知らされ、二十日午前九時すぎに西の丸に登城し、一同雁の間《かりのま》において、老中の酒井《さかい》左衛門尉忠寄《さえもんのじょうただより》▲と松平右近将監武元《うこんのしょうげんたけちか》▲から、「大御所様御不例《ごふれい》、御養生《ごようじょう》御叶《おか》な

▼**松平武元**　一七一三〜七九。陸奥国《むつのくに》棚倉《たなぐら》藩主、上野国《こうずけのくに》館林《たてばやし》藩主。吉宗・家重・家治に三三年間老中として仕え、政局運営にかかわる。これは老中としては最長で老中首座《しゅざ》を一五年つとめた。厳正な人格と評され、吉宗も将軍引退に際して武元を呼び家重の補佐を頼んだという。

徳川吉宗の墓（寛永寺）

い遊ばされず、今卯《う》の下刻頃《げこくごろ》薨御《こうぎょ》の旨」と、吉宗の死去を知らされた。

葬儀は、翌月の閏《うるう》六月十日、老中の松平武元を責任者として、上野の寛永寺（台東区《たいとう》）で営まれた。同月二十九日には勅使が下向《げこう》し、正一位《しょういちい》太政大臣《だいじょうだいじん》の官位と「有徳院《うとくいん》《ゆう》」の諡号《しごう》が贈られた。遺言によって霊廟《れいびょう》はつくらず、かつて吉宗に「吉」の字をあたえた五代将軍綱吉《つなよし》の廟に合祀《ごうし》された。吉宗は、みずからの質素・倹約の主張を死後まで貫いたのである。

なお、この年十月二十七日、寛延は宝暦と改元された。吉宗の死去から六カ月後の一七五一年十二月十九日、大岡忠相もあとを追うように没した（七五歳）。

吉宗の享保改革は、経済の高成長から低成長へという変化を前に、幕府権力を強化し、国家機能・公共機能を拡大して、これに対応しようとするものであった。吉宗がめざした強力な国家・中央政府の「大きな政府」による国民生活の維持・安定、整備された法と官僚を中心とする国家支配のシステムは、その後も引き続き強化されていった。吉宗の享保改革は、国家支配の合理化・近代化の起点として、重要な意義をもつものであった。吉宗は、日本の国家・社会の近代化の先駆者《パイオニア》として位置づけられるのである。

徳富猪一郎『近世日本国民史　吉宗時代』民友社, 1926年
土肥鑑高『米将軍とその時代』(教育社歴史新書)教育社, 1977年
奈良本辰也『日本の歴史17　町人の実力』中央公論社, 1968年
林基『国民の歴史16　享保と寛政』文英堂, 1971年
深井雅海『徳川将軍政治権力の研究』吉川弘文館, 1991年
深井雅海『江戸城御庭番』(中公新書)中央公論社, 1992年
深井雅海『日本近世の歴史3　綱吉と吉宗』吉川弘文館, 2012年
藤田覚編『幕藩制改革の展開』山川出版社, 2001年
松島博『近世伊勢における本草学者の研究』講談社, 1974年
松本四郎・山田忠雄編『講座 日本近世史4　元禄・享保期の政治と社会』有斐閣, 1980年

写真所蔵・提供者一覧(敬称略, 五十音順)

新井家　p.25左
恵那市岩村歴史資料館　p.40左
大岡忠輔・国文学研究資料館・『人物叢書 大岡忠相』吉川弘文館　p.94
荻生敬一　p.81
寛永寺　p.95
関西大学図書館　p.60
国立公文書館　p.48
国立国会図書館　カバー表, p.13, 35, 43下
国立歴史民俗博物館　カバー裏下
小平市中央図書館　p.57
財団法人東洋文庫　p.31
佐藤英世　p.33
首都大学東京学術情報基盤センター　扉
浄念寺　p.30
當麻喜代子・東村山市ふるさと歴史館　p.58
東京国立博物館　Image: TNM Image Archives　p.21
東京消防庁　p.42, 43上・中左
東京都江戸東京博物館　Image: 東京都歴史文化財団イメージアーカイブ　p.45, 46
徳川記念財団　カバー裏上, p.24, 25右, 40右, 86
徳川美術館所蔵©徳川美術館イメージアーカイブ/DNPartcom　p.6
徳川林政史研究所　p.28, 67
名古屋市鶴舞中央図書館　p.68
名古屋市博物館蓬左文庫　p.73
和歌山県立図書館・和歌山県立博物館　p.2左
和歌山城管理事務所・和歌山県立博物館　p.2右
早稲田大学演劇博物館　p.78
早稲田大学図書館　p.84

参考文献

朝尾直弘・網野善彦・石井進・鹿野政直・早川庄八・安丸良夫編『岩波講座 日本通史13　近世３』岩波書店, 1994年

安藤精一・大石慎三郎・加来耕三・浦井正明・大石学『徳川吉宗のすべて』新人物往来社, 1995年

今村英明『オランダ商館日誌と今村英生・今村明生―日蘭貿易や洋学の発展に貢献した和蘭陀通詞の記録―』ブックコム, 2007年

氏家幹人『江戸人の老い』(PHP新書)PHP研究所, 2001年

宇野修平『大岡越前守忠相』日本放送出版協会, 1967年

大石慎三郎『享保改革の経済政策』御茶の水書房, 1961年

大石慎三郎『大岡越前守忠相』(岩波新書)岩波書店, 1974年

大石慎三郎『日本の歴史20　幕藩制の転換』小学館, 1975年

大石慎三郎責任編集『週刊朝日百科 日本の歴史74　近世Ⅰ 享保の改革――吉宗の時代』朝日新聞社, 1987年

大石慎三郎監修『徳川吉宗―享保の改革とその時代―』日本放送出版協会, 1994年

大石学『吉宗と享保の改革』東京堂出版, 1995年

大石学『享保改革の地域政策』吉川弘文館, 1996年a

大石学編『規制緩和に挑んだ「名君」―徳川宗春の生涯―』小学館, 1996年b

大石学『徳川吉宗　国家再建に挑んだ将軍』教育出版, 2001年

大石学『首都江戸の誕生―大江戸はいかにして造られたのか―』(角川選書)角川書店, 2002年

大石学編『日本の時代史16　享保改革と社会変容』吉川弘文館, 2003年

大石学『大岡忠相』(人物叢書)吉川弘文館, 2006年

大石学『江戸の教育力―近代日本の知的基盤―』東京学芸大学出版会, 2007年

大石学『江戸の外交戦略』(角川選書)角川書店, 2009年

大野瑞男『江戸幕府財政史論』吉川弘文館, 1996年

大平祐一『目安箱の研究』創文社, 2003年

笠谷和比古『徳川吉宗』(筑摩新書)筑摩書房, 1995年

川村博忠『国絵図』(日本歴史叢書)吉川弘文館, 1990年

北島正元『日本の歴史18　幕藩制の苦悶』中央公論社, 1996年

茎田佳寿子『江戸幕府法の研究』巌南堂書店, 1980年

倉地克直『全集 日本の歴史11　徳川社会のゆらぎ』小学館, 2008年

新宿区市谷本村町遺跡調査団編『尾張藩徳川家上屋敷跡』大蔵省印刷局, 1993年

鈴木尚『骨は語る 徳川将軍・大名家の人びと』東京大学出版会, 1985年

高埜利彦『日本の歴史13　元禄・享保の時代』集英社, 1992年

竹内誠『大系 日本の歴史10　江戸と大坂』小学館, 1989年

辻達也『徳川吉宗』(人物叢書)吉川弘文館, 1958年

辻達也『享保改革の研究』創文社, 1963年

辻達也『大岡越前守』(中公新書)中央公論社, 1964年

辻達也編『日本の近世10　近代への胎動』中央公論社, 1993年

辻達也『NHK文化セミナー―歴史に学ぶ　徳川吉宗とその時代』NHK出版, 1995年

辻達也『江戸幕府政治史研究』続群書類従完成会, 1996年

東京百年史編集委員会編『東京百年史』第１巻, ぎょうせい, 1979年

徳川吉宗とその時代

西暦	年号	齢	おもな事項
1684	貞享元	1	*10-21* 和歌山で誕生(父徳川光貞，母由利，幼名源六)
1694	元禄 7	11	*2-* 新之助と改名
1695	8	12	*3-* 和歌山から江戸赤坂の紀州藩邸に移動
1696	9	13	*4-* 江戸城で5代将軍綱吉に謁見。*12-* 頼方と改名
1697	10	14	この年，越前国丹生郡で3万石の領地をあたえられる
1699	12	16	*7-* 元服
1705	宝永 2	22	*10-2* 紀州5代藩主に。*12-1* 吉宗と改名
1706	3	23	*11-* 伏見宮貞致親王の娘真宮理子(16歳)と結婚
1710	7	27	*4-* 藩主としてはじめてお国入り
1716	享保元	33	*4-* 8代将軍就任が決定。*8-13* 将軍宣下。*9-* 江戸周辺の鷹場を復活
1717	2	34	*2-* 大岡忠相を町奉行に任命。*5-* 亀戸隅田川で初の鷹狩
1719	4	36	*4-* 朝鮮国王，通信使を派遣
1720	5	37	*5-* 河川の国役普請体制を整備。*8-* 町火消組合「いろは四十七組」を結成。*12-* 漢訳洋書の輸入緩和。この年から各地で薬草見分を実施。駒場薬園開設
1721	6	38	*6-* 初の全国人口調査。*6-* ベトナムより象来日。*8-* 目安箱設置。この年，小石川薬園開設
1722	7	39	*6-* 大岡忠相，地方御用に就任。*7-* 江戸日本橋に新田開発奨励令。*7-* 上米の制実施。*12-* 小石川養生所設立。この年，『六諭衍義大意』出版
1723	8	40	*6-* 足高の制
1726	11	43	*2-* 御庭番設置
1728	13	45	*2-* 日本総絵図完成。*4-* 日光社参
1729	14	46	*8-* 関東で菜種栽培奨励。この年，朝鮮人参栽培
1730	15	47	*8-* 堂島米市場の公認。*11-* 徳川宗春，尾張藩主に就任。この年，「普救類方」を販売
1732	17	49	この年，西日本各地で飢饉(享保の大飢饉)
1733	18	50	*1-* 江戸の米問屋高間伝兵衛，打ちこわしを受ける
1734	19	51	*3-* 全国産物調査。この年，青木昆陽，甘藷栽培を開始
1736	元文元	53	*5-* 元文の貨幣改鋳
1737	2	54	*6-* 松平乗邑を勝手掛老中，神尾春央を勘定奉行に任命
1739	4	56	*1-* 尾張宗春処罰。*5-* スパンベルグのロシア艦隊，陸奥・安房・伊豆沿岸に出現(元文の黒船)
1740	5	57	*11-* 御三卿一橋家を設立
1742	寛保 2	59	*4-*『公事方御定書』完成
1744	延享元	61	*11-*『御触書寛保集成』編纂
1745	2	62	*9-25* 将軍職辞任，大御所に。長男家重(35歳)9代将軍就任が決定。*10-9* 老中松平乗邑を罷免
1751	宝暦元	68	*6-20* 病没

大石 学(おおいし　まなぶ)
1953年生まれ
筑波大学大学院博士課程単位取得
専攻，日本近世史
現在，東京学芸大学教授
主要著書
『享保改革の地域政策』(吉川弘文館1996)
『日本の時代史16 享保改革と社会変容』(編著，吉川弘文館2003)
『大岡忠相』(吉川弘文館2006)
『近世首都論―都市江戸の機能と性格―』(編著，岩田書院2013)
『近世日本の統治と改革』(吉川弘文館2013)

日本史リブレット人 051

徳川吉宗《とくがわよしむね》

日本社会の文明化を進めた将軍

2012年11月20日　1版1刷　発行
2016年8月20日　1版2刷　発行

著者：大石《おおいし》 学《まなぶ》

発行者：野澤伸平

発行所：株式会社 山川出版社

〒101－0047　東京都千代田区内神田1－13－13
電話 03(3293)8131(営業)
03(3293)8135(編集)
http://www.yamakawa.co.jp/
振替 00120-9-43993

印刷所：明和印刷株式会社

製本所：株式会社 ブロケード

装幀：菊地信義

Printed in Japan ISBN 978-4-634-54851-0

日本史リブレット 人

1 卑弥呼と台与 —— 仁藤敦史
2 倭の五王 —— 森 公章
3 蘇我大臣家 —— 佐藤長門
4 聖徳太子 —— 大平 聡
5 天智天皇 —— 須原祥二
6 天武天皇と持統天皇 —— 義江明子
7 聖武天皇 —— 寺崎保広
8 行基 —— 鈴木景二
9 藤原不比等 —— 坂上康俊
10 大伴家持 —— 鐘江宏之
11 桓武天皇 —— 西本昌弘
12 空海 —— 曾根正人
13 円珍と円仁 —— 平野卓治
14 菅原道真 —— 大隅清陽
15 藤原良房 —— 今 正秀
16 宇多天皇と醍醐天皇 —— 川尻秋生
17 平将門と藤原純友 —— 下向井龍彦
18 源信と空也 —— 新川登亀男
19 藤原道長 —— 大津 透
20 清少納言と紫式部 —— 丸山裕美子
21 後三条天皇 —— 美川 圭
22 源義家 —— 野口 実
23 奥州藤原三代 —— 斉藤利男
24 後白河上皇 —— 遠藤基郎
25 平清盛 —— 上杉和彦
26 源頼朝 —— 高橋典幸
27 重源と栄西 —— 久野修義
28 慈円 —— 平 雅行
29 北条時政と北条政子 —— 関 幸彦
30 藤原定家 —— 五味文彦
31 後鳥羽上皇 —— 杉橋隆夫
32 北条泰時 —— 三田武繁
33 日蓮と一遍 —— 佐々木馨
34 北条時宗と安達泰盛 —— 福島金治
35 北条高時と金沢貞顕 —— 永井 晋
36 足利尊氏と足利直義 —— 山家浩樹
37 後醍醐天皇 —— 本郷和人
38 北畠親房と今川了俊 —— 近藤成一
39 足利義満 —— 伊藤喜良
40 足利義政と日野富子 —— 田端泰子
41 蓮如 —— 神田千里
42 北条早雲 —— 池上裕子
43 武田信玄と毛利元就 —— 鴨川達夫
44 フランシスコ＝ザビエル —— 浅見雅一
45 織田信長 —— 藤田達生
46 徳川家康 —— 藤井讓治
47 後水尾天皇と東福門院 —— 山口和夫
48 徳川光圀 —— 鈴木暎一
49 徳川綱吉 —— 福田千鶴
50 渋川春海 —— 林 淳
51 徳川吉宗 —— 大石 学
52 田沼意次 —— 深谷克己
53 遠山景元 —— 藤田 覚
54 酒井抱一 —— 玉蟲敏子
55 葛飾北斎 —— 小林 忠
56 塙保己一 —— 高埜利彦
57 伊能忠敬 —— 星埜由尚
58 近藤重蔵と近藤富蔵 —— 谷本晃久
59 二宮尊徳 —— 舟橋明宏
60 平田篤胤 —— 小野 将
61 大原幽学と飯岡助五郎 —— 高橋 敏
62 ケンペルとシーボルト —— 松井洋子
63 小林一茶 —— 青木美智男
64 鶴屋南北 —— 諏訪春雄
65 中山みき —— 小澤 浩
66 勝小吉と勝海舟 —— 大口勇次郎
67 坂本龍馬 —— 井上 勲
68 土方歳三と榎本武揚 —— 宮地正人
69 徳川慶喜 —— 松尾正人
70 木戸孝允 —— 一坂太郎
71 西郷隆盛 —— 福地 惇
72 大久保利通 —— 佐々木克
73 明治天皇と昭憲皇太后 —— 佐々木隆
74 岩倉具視 —— 坂本一登
75 後藤象二郎 —— 鳥海 靖
76 福澤諭吉と大隈重信 —— 池田勇太
77 伊藤博文と山県有朋 —— 西川 誠
78 井上馨 —— 神山恒雄
79 河野広中と田中正造 —— （交渉中）
80 尚泰 —— 我部政男
81 森有礼と内村鑑三 —— 狐塚裕子
82 重野安繹と久米邦武 —— 松沢裕作
83 徳富蘇峰 —— 中野目徹
84 岡倉天心と大川周明 —— 塩出浩之
85 渋沢栄一 —— 井上 潤
86 三野村利左衛門と益田孝 —— 森田貴子
87 ボアソナード —— 小宮一夫
88 島地黙雷 —— 山口輝臣
89 児玉源太郎 —— 大澤博明
90 西園寺公望 —— 永井 和
91 桂太郎と森鷗外 —— 荒木康彦
92 高峰譲吉と豊田佐吉 —— 鈴木 淳
93 平塚らいてう —— 差波亜紀子
94 原敬 —— 季武嘉也
95 美濃部達吉と吉野作造 —— 古川江里子
96 斎藤実 —— 小林和幸
97 田中義一 —— 加藤陽子
98 松岡洋右 —— 田浦雅徳
99 溥儀 —— 塚瀬 進
100 東条英機 —— 古川隆久

〈白ヌキ数字は既刊〉